*Springers
Angewandte Informatik*

Herausgegeben von Helmut Schauer

Kurs in Logischer Programmierung

Norbert E. Fuchs

Springer-Verlag Wien New York

Dr. Norbert E. Fuchs
Institut für Informatik, Universität Zürich, Schweiz

CIP-Titelaufnahme der Deutschen Bibliothek

Fuchs, Norbert E.:
Kurs in Logischer Programmierung / Norbert E. Fuchs. – Wien
; New York : Springer, 1990
(Springers angewandte Informatik)
ISBN-13: 978-3-211-82235-7   e-ISBN-13: 978-3-7091-9112-5
DOI: 10.1007/978-3-7091-9112-5

ISSN 0178-0069
ISBN-13: 978-3-211-82235-7

Vorwort

Die logische Programmierung ist trotz ihres geringen Alters ein etabliertes Gebiet mit intensiver Forschungstätigkeit und einer stetig wachsenden Zahl von Anwendungen. Logische Programmierung verbindet in überzeugender Weise Theorie und Praxis. Einerseits beruht sie auf soliden logischen Fundamenten und andererseits - das gilt mindestens für die Sprache Prolog - besitzt sie einen grossen Katalog von Programmiertechniken, die sich bei der Lösung realer Probleme bewährt haben. Ein aktuelles Beispiel für die Verbindung von Theorie und Praxis ist die partielle Evaluation, die u.a. zur Transformation von Prolog-Programmen in eine effizientere Form verwendet werden kann. Praktikabel wurde diese Transformation jedoch erst, als bewiesen wurde, unter welchen Voraussetzungen sie korrekt ist.

Ein Kurs in logischer Programmierung - ausgerichtet auf das Programmieren in Prolog - kann also nicht nur aus einer Einführung in die Sprache Prolog bestehen. Genauso wichtig finde ich Kenntnisse der logischen Grundlagen, der wichtigsten Programmiertechniken und einiger Anwendungen.

Dieses Buch ist als ein solcher Kurs konzipiert und richtet sich an alle, die eine kompakte Einführung in die logische Programmierung suchen, z.B. an Studenten, Dozenten und Praktiker. Vom Leser werden Grundkenntnisse in Informatik, jedoch keine Kenntnisse in

Logik erwartet. Wichtig scheint mir die Bereitschaft, sich auf eine neue Programmiersprache und einige neue Konzepte einzulassen. Die theoretischen Kapitel können beim ersten Lesen übergangen werden.

Der Inhalt dieses Buches ist aus Vorlesungen, Seminaren und Fortbildungskursen entstanden, die ich in den letzten Jahren an den Universitäten Zürich und Linz gehalten habe. Teilweise habe ich Material anderer Autoren verwendet, ohne in jedem einzelnen Fall die Quelle anzugeben. Ich verweise in diesem Zusammenhang auf die kommentierte Literaturliste. Fragen und Kommentare meiner Zuhörer haben den Inhalt an vielen Stellen beeinflusst.

Alle Beispielprogramme wurden in LPA MacProlog auf einem Macintosh entwickelt. Es handelt sich dabei um ein Prolog aus der Edinburgh Tradition mit sehr mächtigen Erweiterungen. Ich habe mich bemüht, in den Beispielen nur Standardprädikate zu verwenden. Um jedoch lauffähige Programme zu erhalten, konnte ich einige Prädikate nicht vermeiden, die für MacProlog spezifisch sind, deren Bedeutung aber aus dem Zusammenhang verständlich wird.

Mein Dank gilt zuerst Prof. Dr. Helmut Schauer, der mir nahelegte, dieses Buch zu schreiben. Bedanken möchte ich mich bei meinen Kollegen Markus Fromherz, Christoph Draxler, Dr. Michael Hess und Rolf Stadler für viele Diskussionen, Anregungen und für das kritische Lesen des Textes. Für das Korrekturlesen einiger Kapitel gehört auch Thomas Brüstle Anerkennung. Janine Bruttin und Christoph Draxler gaben wertvolle Hinweise für den Entwurf des Titelblattes. Ich danke schliesslich Christine Reidl und Dr. Irene Stursa vom Springer-Verlag, die dafür sorgten, dass aus einem Manuskript ein Buch wurde.

Dieses Buch entstand in der anregenden Umgebung des Instituts für Informatik der Universität Zürich. Herzlichen Dank allen Kollegen und insbesondere dem Institutsleiter Prof. Dr. Kurt Bauknecht.

N. E. Fuchs
Zürich, Mai 1990

Inhalt

Logische Grundlagen

Anwendungen

Anhang

1 Was ist Logische Programmierung?

1.1 Logik als Programmiersprache

Die logische Programmierung hat eine ihrer Wurzeln im Versuch, logische Theoreme mechanisch zu beweisen, z.B. aus den logischen Axiomen

    P -> Q
    Q -> R

das Theorem

    P -> R

mit Hilfe eines Theorembeweisers abzuleiten.

Bei diesen Untersuchungen stiess man auf folgende Analogie. Die Menge der logischen Axiome kann als ein Programm betrachtet werden, das zu beweisende Theorem als Aufruf des 'logischen' Programms und der Theorembeweiser als Interpreter des Programms. Während des Beweises werden Variablen an Werte gebunden, die als Resultate des Programmaufrufs verstanden werden können; der Beweis ist konstruktiv.

Diese Analogie ist umso fruchtbarer, als auch Probleme aus anderen Bereichen als Theoreme interpretiert werden können, die aus Axiomen zu beweisen sind, z.B. arithmetische Aufgaben.

    "Ist es wahr, dass 2*3+4 = 10 ist?"

oder

    "Welchen Wert muss X annehmen, damit 2*X+4 = 10 wahr wird?"

Die Axiome sind in diesem Fall die arithmetischen Regeln. Beim Beweis der zweiten Aufgabe wird die Variable X an den Wert 3 gebunden; das Resultat wurde quasi während des Beweises berechnet.

Auch Anfragen an eine Datenbank können als Theoreme verstanden werden, z.B. die Anfrage an eine Datenbank mit Fluginformationen

> "Ist es wahr, dass Zürich und New York durch den Flug X verbunden sind?"

Die Informationen der Datenbank übernehmen dabei die Rolle der Axiome. Die Variable X wird wieder während des Beweises bestimmt.

Aus diesem Verständnis von Logik als Programmiersprache ist ein neues Gebiet der Informatik mit intensiver Forschungstätigkeit und einer stetig wachsenden Zahl von Anwendungen entstanden.

1.2   Logische Programmierung und Prolog

Die wohl prominenteste logische Programmiersprache ist Prolog (*Pro*grammieren in *Log*ik). Prolog-Implementierungen existieren für fast jeden Computer und für fast jedes Betriebssystem. Insofern bedeutet logische Programmierung meistens Programmieren in Prolog. Andere logische Programmiersprachen (Prolog II, Prolog III, Trilogy, Concurrent Prolog, Parlog etc.) haben bisher nicht die gleiche Bedeutung erlangt.

Eine Programmiersprache soll ausdrucksstark und effizient sein. Diese Forderungen stehen allerdings oft in Konflikt miteinander. Prädikatenlogik ist eine mächtige und ausdrucksstarke Sprache, Theorembeweiser für Prädikatenlogik sind jedoch notorisch ineffizient. Um aus Prädikatenlogik die praktikable und effiziente Programmiersprache Prolog zu entwickeln, hat man daher den Sprachumfang eingeschränkt. Prolog besteht nur aus einer Teilmenge der Prädikatenlogik, den sogenannten Horn-Klauseln. Diese Teilmenge ist jedoch immer noch mächtig genug, um alle berechenbaren Funktionen zu berechnen. Ausserdem enthält Prolog zusätzliche Systemprädikate, die Operationen des Computers zur Verfügung stellen. Durch diese Systemprädikate wird der Sprachumfang über die Prädikatenlogik hinaus erweitert.

Zum Problemlösen verwendet Prolog Resolution, eine Form der logischen Inferenz. Auch für die Resolution gilt der Gegensatz von Mächtigkeit und Effizienz. Resolution ist mächtig, da sie viele andere Inferenzmethoden subsumiert. In uneingeschränkter Form ist Resolution aber nicht effizient, da Theoreme ungezielt abgeleitet werden und immer die Gefahr der kombinatorischen Explosion besteht. Die Verbindung von Resolution mit Refutation, d.h. mit dem Beweis durch Widerspruch, macht Resolution zielgerichtet. Die Verbindung mit einer einschränkenden Resolutionsstrategie verhindert die kombinatorische Explosion. Allerdings mit dem unerwünschten Nebeneffekt, dass Prolog unvollständig ist, d.h. es kann vorkommen, dass der Prolog-Interpreter existierende Lösungen nicht findet.

1.3   Prozedurale und deklarative Programmierung

Wissen kann in Programmen implizit oder explizit vorhanden sein.

Wir sagen, dass im folgenden Modula-Programm das Wissen, wie man das Maximum zweier Zahlen bestimmt, implizit enthalten ist.

```
PROCEDURE maximum(x,y: INTEGER): INTEGER;
   BEGIN
     IF x >= y THEN
        RETURN x
     ELSE
        RETURN y
     END
   END maximum.
```

Das Wissen ist als Folge von Anweisungen gespeichert, die das Programm nacheinander ausführt. Das auf diese Weise dargestellte Wissen wird erst sichtbar, wenn wir das Programm ablaufen lassen. Die Bedeutung jeder einzelnen Anweisung, der Wert jeder Variablen, kann nicht für sich, sondern nur im Kontext verstanden werden. Es fehlt die sogenannte *referentielle Transparenz*. In dieser Weise dargestelltes Wissen wird prozedural genannt, da es fest mit der Prozedur verbunden ist.

Das Wissen in Tabellen oder in Datenbanken ist dagegen explizit. Genauso ist das Wissen, wie man das Maximum zweier Zahlen bestimmt, explizit im folgenden Prolog-Programm enthalten.

```
% maximum(X, Y, MAX) :- MAX is the maximum of X and Y
maximum(X, Y, X) :- X >= Y.
maximum(X, Y, Y) :- X < Y.
```

Das Prolog-Programm besteht aus einer Kommentarzeile, die mit % beginnt, und zwei Klauseln

$$K :- B_1, B_2, ..., B_n.$$

die wir als logische Implikationen interpretieren.

Die Konsequenz K gilt, wenn die Voraussetzungen B_1, B_2, ... und B_n gelten.

Beispielsweise besagt die Klausel

```
maximum(X, Y, Y) :- X < Y.
```

dass *maximum(X, Y, Y)* wahr ist, d.h. dass Y das Maximum von X und Y darstellt, wenn die Bedingung $X < Y$ gilt.

Jede der beiden Klauseln des Prolog-Programms macht eine Aussage über das Maximum zweier Zahlen, die unabhängig von der anderen Klausel wahr ist. Die referentielle Transparenz ist gegeben.

Die beiden Klauseln zusammen definieren das Maximum zweier Zahlen. Das Programm macht jedoch keine Aussage über eine Ausführungssequenz. Tatsächlich ist die Reihenfolge der beiden Klauseln beliebig. Das Prolog-Programm ist eine zeitunabhängige, wahre Aussage bezüglich seiner drei Argumente.

Das dritte Argument kann als Eingangs- wie als Ausgangsparameter dienen, d.h. wir können mit dem gleichen Programm das Maximum zweier Zahlen bestimmen, aber auch feststellen, ob eine Zahl das Maximum von zwei anderen ist. Viele Prolog-Programme haben die Eigenschaft, dass sie in verschiedener Weise verwendet werden können und dass sie umkehrbar sind.

Wir nennen diese Darstellung des Wissens deklarativ, denn das Wissen ist in expliziten, statischen Deklarationen enthalten.

Es gibt mehrere Gründe, Wissen deklarativ anstatt prozedural darzustellen.

Deklaratives Wissen kann leichter als prozedurales geändert werden. Normalerweise betrifft wegen der referentiellen Transparenz eine Änderung deklarativen Wissens nur wenige genau lokalisierte Deklarationen, während eine kleine Änderung prozeduralen Wissens häufig eine grosse Änderung der betroffenen Prozeduren nach sich zieht.

Deklaratives Wissen kann - wiederum wegen der referentiellen Transparenz - für verschiedene Zwecke verwendet werden, auch für Zwecke, die man ursprünglich nicht vorgesehen hatte. Insbesondere kann aus deklarativem Wissen durch Inferenz anderes, nicht explizit dargestelltes Wissen abgeleitet werden. Deklaratives Wissen erleichtert auch die Selbstinspektion von Programmen, d.h. die Fähigkeit eines Programms, über sich selbst Auskunft zu geben oder sich selbst modifizieren zu können.

Prolog-Programme werden durch den Prolog-Interpreter ausgeführt. Das bringt notwendigerweise eine Ausführungssequenz mit sich. Die Klausel

$$K :- B_1, B_2, ..., B_n.$$

wird vom Prolog-Interpreter quasi als die Definition einer Prozedur K verstanden, die andere Prozeduren $B_1, B_2, ..., B_n$ aufruft.

Um K zu beweisen, beweise B_1, dann B_2, dann ... dann B_n.

Diese Interpretation eines Prolog-Programms durch den Prolog-Interpreter wird prozedural genannt. Ein Prolog-Programm hat also sowohl eine deklarative wie eine prozedurale Interpretation. Da der Prolog-Interpreter eine Strategie verwendet, die Prolog unvollständig macht, können die deklarative und die prozedurale Interpretation voneinander abweichen.

Oft kann man für ein Problem ein rein *deklaratives* Prolog-Programm schreiben, das unabhängig von der Ausführung durch den Prolog-Interpreter wahr ist, und ein zweites, *prozedurales*, das Wissen über das Vorgehen des Interpreters verwendet. Die deklarative Darstellung ist lesbarer, aber im allgemeinen weniger effizient als die prozedurale.

2 Reines Prolog

2.1 Familienbeziehungen als Prolog-Datenbank

Wir wollen Beziehungen innerhalb einer Familie als ein Prolog-Programm darstellen.

```
male(paul).
male(sidney).
male(sam).
male(robert).

female(beverley).
female(fay).
female(mary).
female(lena).

father(sam, paul).
father(sidney, beverley).
father(sam, fay).
father(paul, mary).

mother(beverley, mary).
mother(lena, paul).
```

Konstantensymbole wie *paul* stehen für Individuen (Objekte), während Prädikatssymbole (Prädikatsnamen) wie *male* oder *father* Relationen (Prädikate) zwischen Individuen bezeichnen. Symbole beginnen mit einem kleinen Buchstaben. Prädikate können Argumente haben. Argumente stehen in Klammern und werden durch Kommas getrennt. Jede Zeile des Programms nennen wir eine Klausel; sie besteht aus einer Relation gefolgt von einem Punkt. Es handelt sich um sogenannte Fakten, d.h. um Klauseln, die ohne Bedingungen wahr sind. Die Menge der Klauseln nennen wir das Prolog-Programm oder die Prolog-Datenbank.

Die Relation *male(paul)* soll bedeuteten, dass das Individuum *paul* männlich, die Relation *father(sam, paul)*, dass *sam* der Vater von *paul* ist. Die Reihenfolge der Argumente, die den Vater und das Kind bezeichnen, ist beliebig, muss jedoch konsistent verwendet werden. Für Prolog sind alle Symbole syntaktische Elemente ohne weitere Bedeutung; erst wir geben den Symbolen eine Bedeutung in unserer Welt.

Wir haben dem Prolog-System Fakten über Familienbeziehungen in der Form von Klauseln gegeben. Diese Klauseln sind eine Menge von Axiomen, sie stellen das gesamte Prolog-Programm dar. Wir können nun anfangen, Fragen bezüglich der Familienbeziehungen zu stellen und beantwortet zu bekommen, indem wir diese Fragen als Theoreme formulieren und dann die Theoreme durch den Prolog-Interpreter aus den Axiomen beweisen lassen.

Wir tun das, indem wir die Frage 'Ist Robert männlich?' als sogenannte Anfrage oder Ziel *male(robert)* dem Prolog-Interpreter vorlegen. In zeilenorientierten Prolog-Interpretern schreiben wir das, indem wir vor die Anfrage ?- setzen und sie mit einem Punkt abschliessen.

    ?- male(robert).

Für unsere Beispiele übernehmen wir diese Schreibweise. In LPA MacProlog, das mit Fenstern arbeitet, werden Anfragen in ein Fenster eingegeben und dann ein entsprechender Knopf angeklickt.

Prolog antwortet auf die Anfrage *male(robert)*

    Yes

denn das Theorem *male(robert)* folgt wirklich aus den gegebenen Axiomen. Die Frage

    ?- female(anna).

wird dagegen mit

    No

beantwortet, denn das Ziel *female(anna)* ist keine logische Konsequenz der Axiome. Die Antwort *No* heisst nicht, dass *female(anna)* nicht wahr ist, sondern nur, dass Prolog *female(anna)* aus den gegebenen Axiomen nicht beweisen konnte. Dieses Verständnis von Verneinung als 'nicht beweisbar' *(negation as failure)* wird uns später noch beschäftigen.

Wir können auch fragen

    ?- mother(lena, paul).

und erhalten als Antwort

    Yes

Wir könnten nun auf diese Weise nach und nach alle Informationen aus unserer Prolog-Datenbank hervorholen, was nicht besonders aufregend ist. Interessanter wird es, wenn wir in die Fragen Variablen einführen, wenn wir 'offene' Fragen stellen. Variablennamen beginnen mit einem grossen Buchstaben oder mit '_'.

Wer ist der Vater von Mary?

    ?- father(Who, mary).

Die Antwort ist

    Who = paul

Die Variable *Who* steht für ein am Anfang unspezifiziertes Individuum und wird während des Beweises an die Konstante *paul* gebunden, sodass das Ziel *father(Who, mary)* eine logische Konsequenz der Programmaxiome ist. Prolog geht dabei so vor, dass es das Programm von oben nach unten durchläuft und jeweils schaut, ob es eine Variablenbindung gibt, die den Kopf einer der Prolog-Klauseln mit dem Ziel syntaktisch zur Deckung bringt.

Wenn es mehrere Möglichkeiten gibt, einer Variablen Werte zuzuweisen, sodass das Ziel jeweils logische Konsequenz des Programms ist, wird Prolog auf unseren Wunsch hin eine Bindung nach der anderen vornehmen und eine Lösung nach der anderen generieren.

Auf die Frage

```
?- father(sam, Child).
```

antwortet Prolog mit

```
Child = paul
```

und wartet auf unsere Reaktion. Wir können jetzt die nächste Lösung verlangen oder auch nicht. Wir deuten in unserer Schreibweise den Wunsch nach der nächsten Lösung wie in zeilenorientierten Prolog-Interpretern durch ein Semikolon an. In LPA MacProlog gibt es Knöpfe im Fragefenster, die man anklickt, um die erste, die nächste oder alle Lösungen zu erhalten.

```
Child = paul   ;
Child = fay
```

Wir fragen nach einer weiteren Lösung und erhalten

```
Child = paul   ;
Child = fay    ;
No more answers
```

Jede Frage nach einer weiteren Lösung veranlasst Prolog weiterzusuchen. Sind wir mit den gefundenen Lösungen zufrieden, können wir jederzeit aufhören. Die Antwort *No more answers* bedeutet, dass Prolog alle Lösungen gefunden hat

Prozedurale Sprachen sind deterministisch, können jeweils nur eine Lösung berechnen. Prolog ist nicht-deterministisch, denn es kann für ein Ziel eine oder mehrere Lösungen finden, die alle logische Konsequenz des Prolog-Programms sind.

2.2   Konjunktive Fragen und Regeln

Komplexere Anfragen können durch die Konjunktion mehrerer Ziele gebildet werden, die man durch Kommas trennt, z.B. 'Hat Sidney eine Tochter?', genauer 'Gibt es ein Kind D von Sidney und ist D weiblich?'.

```
?- father(sidney, D), female(D).
```

```
D = beverley
```

Oder 'Wer ist Marys Grossmutter väterlicherseits?'.

```
?- mother(Granny, F), father(F, mary).
Granny = lena
F = paul
```

Es ist interessant, dass wir in einer Anfrage *father(sidney, D)* und in einer anderen *father(F, mary)* schreiben können. Offensichtlich spielt es keine Rolle, welches der beiden Argumente konstant (Eingangsparameter) und welches variabel (Ausgangsparameter) ist. Tatsächlich können beide die Rolle eines Eingangsparameters und eines Ausgangsparameters spielen. Wir können daher fragen

```
?- father(sam, paul).          (Ist Sam der Vater von Paul?)

?- father(X, paul).            (Wer ist der Vater von Paul?)

?- father(sam, X).             (Wer ist das Kind von Sam?)

?- father(X, Y).               (Wer ist wessen Vater?)
```

und Prolog wird jeweils die entsprechenden Antworten generieren. Viele, aber nicht alle Prolog-Prädikate, sind in diesem Sinne umkehrbar.

Durch konjunktive Abfragen können wir Informationen erhalten, die nur implizit in der Datenbank enthalten sind, wie zum Beispiel 'Marys Grossmutter väterlicherseits'. Wir könnten diese Information explizit machen, indem wir die Datenbank durch die Menge der Relationen *granny_on_father_s_side(..., ...)* für alle beteiligten Personen erweitern. Viel übersichtlicher ist es, anstelle einer möglicherweise umfangreichen Menge von Fakten eine allgemeine Regel aufzustellen, die alle Fälle erfasst. Diese Regel für die Relation *granny_on_father_s_side* schreiben wir unter Verwendung der gegebenen Relationen *mother* und *father*.

```
granny_on_father_s_side(Granny, Grandchild) :-
    mother(Granny, Father),
    father(Father, Grandchild).
```

Die Relation *granny_on_father_s_side(Granny, Grandchild)* ist wahr, wenn das konjunktive Ziel *mother(Granny, Father), father(Father, Grandchild)* wahr ist, genauer wenn die Ziele *mother(Granny, Father)* und *father(Father, Grandchild)* gleichzeitig wahr sind. Wir nennen die linke Seite der Regel deren Kopf und die rechte Seite den Körper. Das Symbol :- wird 'wenn' gelesen.

Fakten können formal als Kopf einer Regel mit dem Körper *true* verstanden werden, z.B. das Fakt

    father(sam, paul).

als Regel

    father(sam, paul) :- true.

Wir erweitern unsere Familien-Datenbank nun um zwei Regeln, die die Elternbeziehung ausdrücken.

    parent(Parent, Child) :-   % a parent is
        father(Parent, Child).   % a father, or
    parent(Parent, Child) :-
        mother(Parent, Child).   % a mother

Wir benötigen zwei Regeln, denn Eltern können Mütter oder Väter sein; d.h. die zwei Regeln sind alternative Definitionen der Relation *parent*, sie sind quasi durch 'oder' verbunden. (Auf das Zeichen % folgt ein Kommentar bis zum Zeilenende.) Die Frage

    ?- parent(P, mary).

liefert uns nacheinander Marys Vater und Mutter.

    P = paul   ;
    P = beverley ;
    No more answers

Unter Verwendung von *parent* definieren wir die Relation *brother* als Regel

    brother(X, Y) :-   % X is the brother of Y if
        male(X),   % X is male, and
        parent(P, X),   % X and
        parent(P, Y),   % Y have the same parent, and
        X \== Y.   % X and Y are different

```
?- brother(X, Y).
X = paul
Y = fay
```

Aus unserem Programm lässt sich eine einzige Bruder (-Schwester)
Beziehung ableiten. Das Systemprädikat \== (Nicht-Identität) ist
vordefiniert; wir können es uns als eine unendliche Menge von
Fakten vorstellen.

```
a \== b.
a \== c.
.....
```

2.3   Prologs Beweisverfahren

Uns scheint die Definition *mother(Granny, F)*, *father(F, mary)* von
'Marys Grossmutter väterlicherseits' durch die Prädikate *mother* und
father logisch korrekt, und wir können uns auch vergewissern, dass

```
?- mother(Granny, F), father(F, mary).
```

durch die Bindungen (Substitutionen)

```
Granny = lena
F = paul
```

korrekt beantwortet wird. Aber wie geht Prolog vor, um die Frage zu
beantworten?

Wie schon erwähnt, sucht Prolog das Prolog-Programm von oben
nach unten nach einer Klausel durch, deren Kopf sich mit dem Ziel
decken lässt. Bei konjunktiven Zielen, wie z.B.

```
mother(Granny, F), father(F, mary)
```

wählt Prolog immer das erste (am weitesten links stehende) Ziel, in
diesem Fall also

```
mother(Granny, F)
```

Beim Versuch, Ziel und Kopf einer Klausel zur Deckung zu bringen,
können Variablen an Werte gebunden werden, z.B. werden das Ziel

    mother(Granny, F)

und der Kopf der Programmklausel

    mother(beverley, mary)

durch die Bindungen (Substitutionen)

    {Granny/beverley, F/mary}

zur Deckung gebracht. Diesen Vorgang nennt man Unifikation. Wurde eine Deckung erreicht, sind also Ziel und Klauselkopf unifizierbar, dann wird die betreffende Programmklausel markiert und das Ziel wird durch den Körper der markierten Klausel ersetzt. Damit wird ein neues konjunktives Ziel gebildet. Anschliessend werden die gefundenen Variablenbindungen auf das neue konjunktive Ziel angewandt. In unserem Beispiel ergibt sich

    (true, father(F, mary)) {Granny/beverley, F/mary}

d.h.

    true, father(mary, mary)

Der Wahrheitswert der Konjunktion *true, father(mary, mary)* ist der von *father(mary, mary)*. Daher wird das Ziel *true* fortgelassen, und Prolog versucht, das übrigbleibende Ziel

    father(mary, mary)

zu beweisen. Das schlägt fehl, denn es gibt keinen Klauselkopf in unserem Prolog-Programm, der sich mit *father(mary, mary)* unifizieren lässt.

Nun geschieht das sogenannte Rücksetzen *(backtracking)*. Prolog verwirft die Wahl der zuletzt markierten Programmklausel, in unserem Beispiel die Wahl der Klausel

    mother(beverley, mary)

und macht alle erfolgten Variablenbindungen rückgängig.

Dann versucht Prolog, das Ziel, das zu dieser Wahl geführt hatte, mit dem Kopf einer anderen Programmklausel zu unifizieren. Dabei beginnt Prolog mit der Suche anschliessend an die zuletzt markierte Klausel. Das Ziel

    mother(Granny, F)

lässt sich auch mit dem Klauselkopf

    mother(lena, paul)

unifizieren, wenn man die Variablenbindungen

    {Granny/lena, F/paul}

vornimmt. Das neue Ziel ist dann

    father(paul, mary).

Für dieses Ziel beginnt Prolog wieder das Programm nach einer passenden Klausel abzusuchen, und zwar von ganz oben, denn es handelt sich um ein neues Ziel, für das noch keine Klausel markiert wurde.

Das Ziel kann mit dem identischen Fakt des Programms unifiziert werden. Wir ersetzen wieder das Ziel durch den Körper der Klausel, d.h. durch *true*. Das aktuelle Ziel ist *true*. Der Beweis wurde damit erfolgreich abgeschlossen.

Während des Beweises wurden die Variablen *Granny* und *F* an die Werte *lena* und *paul* gebunden, sie bilden das Resultat der Frage.

2.4 Suchbäume

Der Ablauf der Beantwortung der Frage

    ?- mother(Granny, F), father(F, mary).

kann durch einen Suchbaum dargestellt werden bei dem jeder Zweig einen erfolgreichen oder fehlgeschlagenen Beweis des Ziels darstellt. Die Knoten eines Zweiges sind die jeweils noch zu beweisenden Ziele, die Kanten werden mit den Variablenbindungen gekennzeichnet. Die

Blätter sind mit *success* (Erfolg) oder mit *failure* (Fehlschlag) gekennzeichnet. Prolog verwendet Tiefensuche, d.h. ausgehend von der Anfrage sucht Prolog jeweils den am weitesten links stehenden Zweig vollständig ab, bevor es zum nächsten Zweig übergeht.

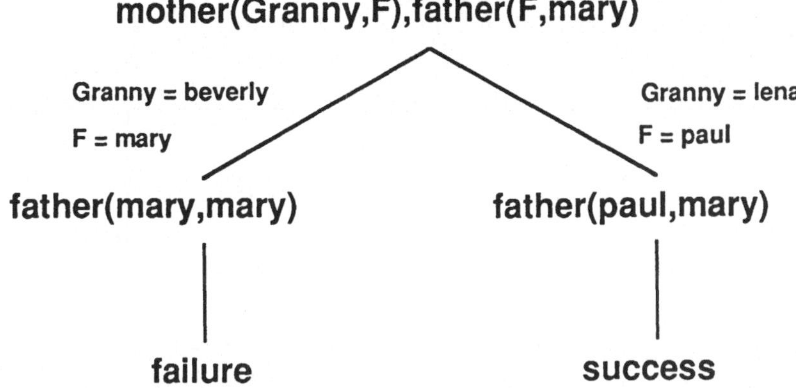

Bei Erfolg ist die Suche zu Ende und die Variablenbindungen werden ausgegeben. Bei Fehlschlag geht Prolog einen oder mehrere Schritte zurück *(backtracking)* und versucht die dem Blatt nächstliegende Alternative.

Wenn man nach einem Erfolg künstlich Backtracking auslöst - z.B. durch die Eingabe eines Semikolons - sucht Prolog nach weiteren Lösungen.

2.5   Tracing

Eine weitere Möglichkeit, den Ablauf eines Prolog-Programms darzustellen, ist das Tracing. Dazu verwendet man *Byrd's box*

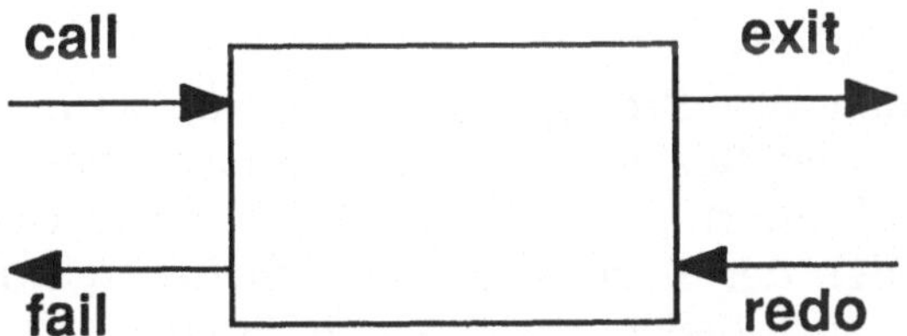

Jedes Prädikat *p* wird durch eine Box mit zwei Eingängen *call* und *redo* und zwei Ausgängen *exit* und *fail* dargestellt.

call Das Prädikat wird das erste Mal aufgerufen.
exit Das Prädikat war erfolgreich.
fail Das Prädikat schlug fehl.
redo Das Prädikat wird durch Backtracking aufgerufen.

Boxen für die Prädikate eines konjunktiven Ziels *p1*, *p2* werden verbunden, und zwar *p1.exit* mit *p2.call* und *p2.fail* mit *p1.redo*.

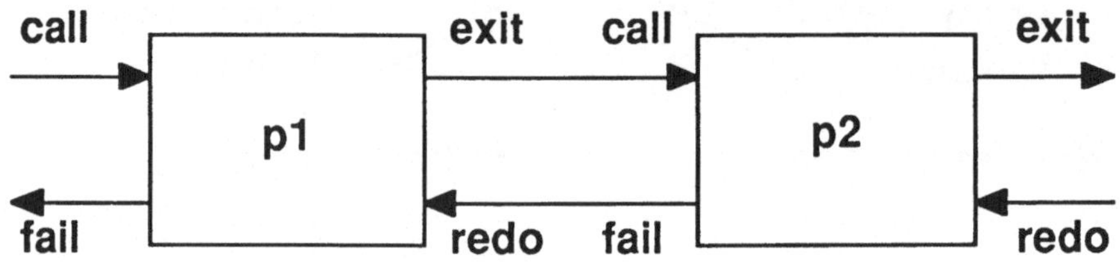

Die meisten Prolog-Tracer beruhen auf dem Boxmodell; dabei werden nur noch die Ein- und Ausgänge, die sogenannten Ports, nicht mehr die Box selber dargestellt.

Als Beispiel das Tracing der Frage

  ?- mother(Granny, F), father(F, mary).

  call mother(Granny, F)
  exit mother(beverley, mary)
  call father(mary, mary)
  fail father(mary, mary)
  redo mother(beverley, mary)
  exit mother(lena, paul)
  call father(paul, mary)
  exit father(paul, mary)

  Granny = lena
  F = paul

Jeder Schritt, den das Prolog-System macht, wird in einer Zeile zusammen mit der Bezeichnung des entsprechenden Ein- oder Ausgangs protokolliert. Auf diese Weise wird die Reihenfolge dargestellt, in der der Suchbaum abgearbeitet wurde. Alle Wege werden sichtbar; auch diejenigen, die fehlschlugen.

Eine andere Reihenfolge der Ziele unserer Frage, also

```
?- father(F, mary), mother(Granny, F).
```

führt zu einem anderen Suchbaum, und damit zu einem anderen Tracing, nämlich zu

```
call    father(F, mary)
exit    father(paul, mary)
call    mother(Granny, paul)
exit    mother(lena, paul)

F = paul
Granny = lena
```

Wir stellen fest, dass die Reihenfolge der Ziele einer Anfrage - und somit auch die Reihenfolge der Ziele der Klauselkörper - den Suchbaum (d.h. auch das Tracing) bestimmt.

2.6   Rekursive Regeln

Um die Vorfahren von Familienmitgliedern zu bestimmen, definieren wir die Relation *ancestor* durch die folgenden Regeln.

```
% Parents
ancestor(X, Y) :-            % an ancestor is
       parent(X, Y).         % a parent

% Grandparents
ancestor(X, Y) :-            % or
       parent(X, Z),         % the parent of
       parent(Z, Y).         % a parent

% Greatgrandparents
ancestor(X, Y) :-            % or
       parent(X, Z1),        % the parent of
       parent(Z1, Z2),       % a parent of
       parent(Z2, Y).        % a parent

   ....

   ....
```

Diese Lösung ist unpraktisch, unelegant und nicht allgemein, denn wir brauchen für jede Generation eine eigene Regel.

Bisher konnten wir neue Relationen immer durch andere, elementarere definieren. Das ist für Relationen, die beliebig lange Beziehungsketten beinhalten, nicht möglich. Dafür brauchen wir rekursive Definitionen, die eine Relation durch sich selbst definieren.

Die Relation *ancestor* definieren wir durch die beiden Klauseln

```
ancestor(X, Y) :-              % an ancestor is
    parent(X, Y).             % a parent, or
ancestor(X, Y) :-
    parent(X, Z),            % the parent of
    ancestor(Z, Y).          % an ancestor
```

Rekursive Prädikate bestehen aus einer oder mehreren Grundklauseln, die die elementaren Fälle behandeln, und aus einer oder mehreren rekursiven Klauseln für den allgemeinen Fall. Normalerweise wird zuerst eine rekursive Klausel verwendet. Jeder Rekursionschritt bringt uns näher zu den Grundlösungen, sodass zum Schluss eine der Grundklauseln verwendet wird.

Als Beispiel alle Vorfahren von Mary.

```
?- ancestor(Ancestor, mary).
Ancestor = paul             ;
Ancestor = beverley         ;
Ancestor = sam              ;
Ancestor = sidney           ;
Ancestor = lena             ;
No more solutions
```

2.7 Linksrekursion

Die Reihenfolge der Ziele innerhalb der rekursiven Klausel von *ancestor* wurde mit Bedacht gewählt. Was geschieht, wenn wir sie umkehren?

```
ancestor(X, Y) :-              % an ancestor is
    parent(X, Y).             % a parent, or
ancestor(X, Y) :-
    ancestor(X, Z),          % the ancestor of
    parent(Z, Y).            % a parent
```

Auf die Frage

    ?- ancestor(Ancestor, mary).

erhalten wir die gleichen Antworten wie oben

    Ancestor = paul   ;
    Ancestor = beverley   ;
    Ancestor = sam   ;
    Ancestor = sidney   ;
    Ancestor = lena   ;

Anschliessend meldet sich Prolog nicht zurück.

Die Umordnung der Ziele in der rekursiven Klausel hat bewirkt, dass
der Suchbaum verändert wurde und nun einen unendlichen Zweig
enthält: die rekursive Klausel ruft sich immer wieder selber auf, und
der Beweis nähert sich nicht mehr der Grundklausel. Solche Klauseln
werden linksrekursiv genannt. Obwohl beide Definitionen von
ancestor logisch äquivalent sind, führt Prologs Ablaufstrategie bei
Linksrekursion zur Nicht-Terminierung.

Dieses Beispiel zeigt, dass im Suchbaum unendliche Zweige auf-
tauchen können. Das kann auch bedeuten, dass Prolog wegen der
Tiefensuche Lösungen nicht findet, die sich rechts vom unendlichen
Zweig im Suchbaum befinden, d.h. Prolog ist nicht vollständig.

2.8   Prologs Syntax

Terme

Die grundlegende Datenstruktur von Prolog ist der Term. Terme sind
Konstante, Variablen oder zusammengesetzte Terme.

Konstante bezeichnen Individuen wie Atome oder Zahlen (Integer,
Real). Atome sind eine Folge von alphanumerischen Zeichen, die mit
einem kleinen Buchstaben beginnt (mary), eine Folge von
Sonderzeichen ([ ]), oder eine Folge von Zeichen in einfachen
Anführungszeichen ('Mary Smith').

Variablen bezeichnen (noch) unspezifizierte Individuen - nicht wie in
anderen Programmiersprachen Speicherstellen. Variablennamen

bestehen aus einer Folge alphanumerischer Zeichen, die mit einem
grossen Buchstaben oder mit '_' beginnt.

Zusammengesetzte Terme f(t1,t2, ..., tn) bestehen aus einem Funktor
und n Termen ti, genannt Argumente. Der Funktor f/n ist gekennzeichnet durch seinen Namen f, der ein Atom ist, und die Zahl n
seiner Argumente, seine Arität. Funktoren mit dem gleichen Namen,
aber verschiedener Arität werden als verschieden betrachtet.

Ein Beispiel eines zusammengesetzten Terms ist

    lecture(room('10-G-25'), time(10, 12))

Der erste Funktor - in diesem Fall *lecture/2* - wird als Hauptfunktor
bezeichnet.

Terme können graphisch als Bäume dargestellt werden, z.B. der Term
lecture(room('10-G-25'), time(10, 12)).

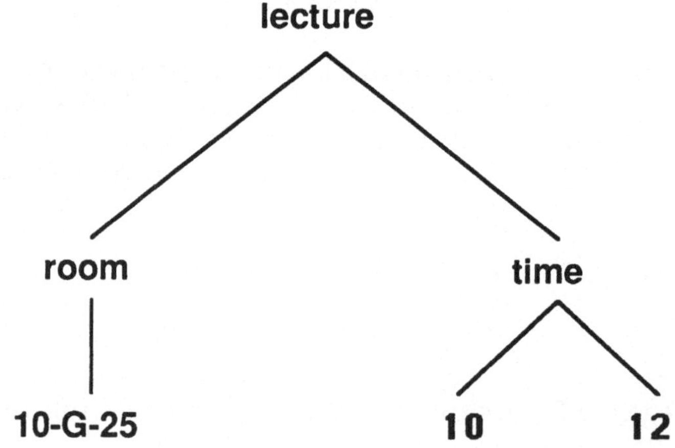

Ziele

Prolog-Ziele sind Atome oder zusammengesetzte Terme, z.B.
father(paul, mary). In vielen Prolog-Implementationen - z.B. in LPA
MacProlog - können Ziele auch Variablen sein, die jedoch vor der
Verwendung instanziert sein müssen.

2.9   Listen

Ein wichtiger Spezialfall eines Terms ist die Liste, d.h. eine beliebig lange, geordnete Sequenz von Elementen. Die Elemente der Liste können irgendwelche Terme sein, insbesondere wiederum Listen.

Eine Liste ist entweder die leere Liste [], oder sie besteht aus zwei Komponenten, dem ersten Listenelement - Kopf genannt - und der restlichen Liste - dem Schwanz. Das Ende der Liste wird durch die leere Liste [] gekennzeichnet. Traditionellerweise wird der Punkt '.' als Funktor verwendet.

Die Liste mit den Elementen a und b wird

   .(a, .(b, []))

geschrieben. Wie jeden Term kann man sie auch als Baum darstellen.

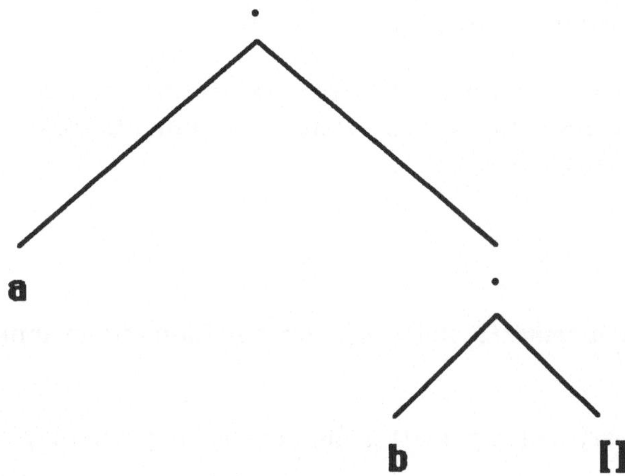

2.9.1   Listennotation

Für Listen als wichtige Datenstruktur wurde eine besondere Notation eingeführt. Die Liste *.(K, S)* mit dem Kopf *K* und dem Schwanz *S* schreibt man

   [K|S]

Die folgende Tabelle zeigt die 'Punkt'-Notation und die
Listennotation einiger Listen.

'Punkt'-Notation   Listennotation

.(a, [])   [a]
.(a, .(b, []))   [a, b]
.(a, X)   [a | X]
.(a, .(b, X))   [a, b | X]

Der Typ 'Liste' kann durch das Prolog-Prädikat *list/1* definiert werden.

list([]).   % [] is a list
list([_ | Tail]) :- list(Tail).   % [_ | Tail] is a list if Tail is a list

Das Zeichen '_' steht für die sogenannte anonyme Variable, einem
Platzhalter für eine Variable, an der wir nicht interessiert sind. Jedes
Auftauchen von '_' bezeichnet eine andere anonyme Variable.

2.9.2   Operationen mit Listen

Für Listen gibt es eine Reihe von Standardprädikaten, die immer
wieder auftauchen und die in vielen Implementationen als Systemprädikate definiert sind.

Prädikat *member/2*

Das Prädikat *member/2* stellt fest, ob ein Element in einer Liste enthalten ist.

% member(Element, List) :- Element is an element of List

member(X, [X | _]).   % X is an element of a list if X is its head
member(X, [_ | Xs]) :-   % or if X is an element of its tail
    member(X, Xs).

Einige Anfragen.

?- member(3, [1, 2, 3, 4]).
Yes

```
?- member(a, [1, 2, 3, 4]).
No

?- member(X, [1, 2, 3, 4]).
X = 1   ;
X = 2   ;
X = 3   ;
X = 4   ;
No more solutions
```

Das Prädikat *member/2* ist auch umkehrbar. Welche Liste L enthält das Element 1?

```
?- member(1, L).
L = [1 | _987]                          ;
L = [_986, 1 | _989]                    ;
L = [_986, _988, 1 | _991]              ;
```

Prolog liefert immer längere Listen L als Lösung. Die Variablen _XXX werden vom Prolog-Interpreter generiert.

Prädikat *delete/3*

Das Prädikat *delete/3* entfernt ein Element vollkommen aus einer Liste.

```
% delete(L, X, L_X):- L_X is L with all occurrences of X removed

delete([X | Xs], X, Ys):-          % Ys is [X | Xs] without X if
    delete(Xs, X, Ys).             % Ys is Xs without X
delete([X | Xs], Z, [X | Ys]):-    % [X | Ys] is [X | Xs] without Z if
    X \== Z,                       % X is different from Z and
    delete(Xs, Z, Ys).            % Ys is Xs without Z
delete([], X, []).                 % deleting something from [] gives []
```

Ein Beispiel

```
?- delete([1, 2, 3, 2], 2, L_without_2).
L_without_2 = [1, 3]
```

Tracing zeigt, wie die Lösung entsteht.

```
call     delete([1, 2, 3, 2], 2, _877)
call     1\==2
exit     1\==2
call     delete([2, 3, 2], 2, _1481)
call     delete([3, 2], 2, _1481)
call     3\==2
exit     3\==2
call     delete([2], 2, _1777)
call     delete([], 2, _1777)
exit     delete([], 2, [])
exit     delete([2], 2, [])
exit     delete([3, 2], 2, [3])
exit     delete([2, 3, 2], 2, [3])
exit     delete([1, 2, 3, 2], 2, [1, 3])
```

Prädikat *append/3*

Eine andere wichtige Operation ist das Verketten zweier Listen.

```
% append(Xs,Ys, XsYs) :- concatenate Xs and Ys to XsYs
```

```
append([], L, L).                 % appending L to [] gives L
append([X I L1], L2,[ X I L3]) :-  % [X I L3] is the concatenation of
      append(L1, L2, L3).         % [X I L1] and L2 if L3 is the
                                  % concatenation of L1 and L2
```

Das Prädikat *append/3* ist vielseitig verwendbar.

Zwei gegebene Listen werden zu einer dritten verkettet.

```
?- append([1, 2], [3, 4, 5], L).
L = [1, 2, 3, 4, 5]
```

Welche Liste ergibt verkettet mit einer gegebenen Liste eine andere gegebene Liste?

```
?- append(X, [4,5], [1, 2, 3, 4, 5]).
L = [1, 2, 3]
```

Welche beiden Listen X und Y ergeben verkettet eine vorgegebene Liste?

```
?- append(X, Y, [1, 2, 3]).

X = [], Y = [1, 2, 3]              ;
X = [1], Y = [2, 3]               ;
X = [1, 2], Y = [3]              ;
X = [1, 2, 3], Y = []              ;
No more solutions
```

Wir erhalten Länge(vorgegebene Liste) + 1 Lösungen. Das Prädikat *append/3* wirkt in diesem Fall als Generator, der alle möglichen Teillisten einer gegebenen Liste erzeugt.

Prädikat *sort/2*

Für das Sortieren von Listen gibt es verschiedene Algorithmen. Beim *Sortieren durch Einfügen (insertion sort)* wird das erste Element der Liste entfernt, die Restliste rekursiv sortiert und das vorher entfernte Element an der passenden Stelle wieder eingesetzt.

```
% sort(Xs, Ys) :- Ys is an ordered permutation of Xs
sort([X | Xs], Ys) :-              % Ys is the sorted version of [X | Xs] if
    sort(Xs, Zs),                 % Zs is the sorted version of Xs and
    insert(X, Zs, Ys).            % Ys is result of inserting X into Zs
sort([], []).                     % the empty list is sorted

insert(X, [], [X]).               % inserting X into [] results in [X]
insert(X, [Y | Ys], [Y | Zs]) :-   % if X is larger than the head of list
    X>Y,                          % insert X into its tail
    insert(X, Ys, Zs).
insert(X, [Y | Ys], [X,Y | Ys]) :- % if X is smaller than or equal to the
    X≤Y.                          % head of the list insert X in front of
                                  % the head
```

Ein Beispiel

```
?- sort([3, 5, 4, 3, 1, 2, 2], S).
S = [1, 2, 2, 3, 3, 4, 5]
```

Sortieren durch Einfügen ist ein einfacher, jedoch nicht sehr effizienter Algorithmus. *Quicksort* oder *Sortieren durch Mischen (merge sort)* sind viel effizientere, aber auch kompliziertere, Algorithmen.

naive_reverse/2

Das Prädikat *naive_reverse/2* ist eine einfache, allerdings ineffiziente Methode, eine Liste umzukehren.

```
% naive_reverse(List, Tsil) :- Tsil is List reversed.
naive_reverse([], []).                % [] reversed is []
naive_reverse([X | Xs], Ys) :-        % to reverse a list
     naive_reverse(Xs, Zs),           % reverse its tail, and append
     append(Zs, [X], Ys).             % the head to the reversed tail
```

Das Prädikat *naive_reverse/2* funktioniert in beiden Richtungen.

```
?- naive_reverse([1, 2, 3], Reversed), naive_reverse(Original,
Reversed).
Reversed=[3, 2, 1], Original=[1, 2, 3]
```

Wir werden später effizientere Methoden kennenlernen, eine Liste umzukehren.

2.10   Operatoren

Zusammengesetzte Terme mit einem oder zwei Argumenten können auch anders als in geklammerter Präfixnotation *f(t1, ..., tn)* geschrieben werden.

Unäre Funktoren *f/1* können in geklammerter Präfixnotation, als Präfix- oder als Postfixoperator geschrieben werden, z.B. der Funktor *not/1* in geklammerter Präfixnotation *not(p)* oder als Präfixoperator *not p*.

Binäre Funktoren *f/2* können in geklammerter Präfix- oder in Infixnotation geschrieben werden, z.B. der Funktor *+/2* als *+(3, 5)* oder als *3 + 5*.

Alle Präfix-, Infix-, und Postfixoperatoren müssen durch Operatordeklarationen definiert werden, in denen man auch die Präzedenz und die Assoziativität festlegt. Der Infixoperator + wird z.B. durch die Operatordeklaration

```
:- op(500, yfx, +).
```

als linksassoziativer Infixoperator mit der relativen Präzedenz 500 deklariert. Höhere Präzedenzzzahlen bedeuten in den meisten Prolog-Implementationen niedrigere Präzedenz. Linksassoziativ heisst, dass der Ausdruck $x+y+z$ als $(x+y)+z$ verstanden wird.

Die folgenden Symbole legen die Assoziativität von Operatoren fest

fx	Präfix	nicht assoziativ
fy	Präfix	rechtsassoziativ
xf	Postfix	nicht assoziativ
yf	Postfix	linksassoziativ
xfx	Infix	nicht assoziativ
yfx	Infix	linksassoziativ
xfy	Infix	rechtsassoziativ

Viele Operatoren (+, -, *, /, *not*, :-, == *etc.*) sind schon vordeklariert.

Benutzer können eigene Operatoren deklarieren, um die Lesbarkeit ihrer Programme zu erhöhen. Wir deklarieren den Infixoperator *is_a* durch

    :- op(400, xfx, is_a).

und können ihn - wie das folgende Beispiel zeigt - anstelle des binären Funktors *is_a/2* verwenden.

    is_a(tweety, bird).

    ?- tweety is_a bird.
    Yes

3 Volles Prolog

Wir haben nun einen Ausschnitt des sogenannten reinen Prolog
(*Pure Prolog*) kennengelernt. Im reinen Prolog sind alle Prädikate
durch eine Menge von Fakten definiert oder verhalten sich so. Die
deklarative Interpretation steht im Vordergrund, d.h. Klauseln
werden als Implikationen betrachtet. Prädikate haben keine
Seiteneffekte. Argumente von Prädikaten können als Eingangs- und
als Ausgangsparameter dienen, d.h. Prädikate sind umkehrbar. Die
Reihenfolge der Klauseln eines Prädikats bestimmt die Reihenfolge,
in der die Lösungen gefunden werden. Die Reihenfolge der Ziele eines
Klauselkörpers ist für die Beantwortung von Anfragen unwichtig,
solange im Suchbaum keine unendlichen Zweige auftauchen.

Das volle Prolog enthält darüber hinaus sogenannte Systemprädikate,
die es zu einer effizienten und vollständigen Programmiersprache
machen. Einige Systemprädikate, z.B. die arithmetischen, verwenden
Operationen des Computers und sind dadurch effizienter als die
entsprechenden Prädikate des reinen Prolog. Andere Systemprädikate
haben Effekte, die ausserhalb der Prädikatenlogik liegen, z.B. die Ein-
und Ausgabe. Die prozedurale Interpretation spielt eine Rolle und die
Reihenfolge von Zielen eines Klauselkörpers und die Reihenfolge der
Klauseln eines Prädikates können relevant sein.

3.1 Arithmetik

Grundsätzlich könnten wir arithmetische Operationen wie die
Addition durch eine Menge von Fakten

```
plus(0, 0, 0).
plus(0, 1, 1).
plus(0, 2, 2).
...
...
```

definieren. Das wäre jedoch unpraktisch und ineffizient. Stattdessen verwendet Prolog zur Evaluation arithmetischer Ausdrücke die effizienteren Standardoperationen des Computers.

Systemprädikat *is/2*

Bei der Unifikation werden arithmetische Ausdrücke nicht evaluiert, sodass z.B. die beiden Ausdrücke *2+3* und *4+1* nicht unifiziert werden können, obwohl sie den gleichen Wert haben.

Das Systemprädikat *is/2* in Infix-Notation

   LHS is Expression

erlaubt hingegen einen Test auf numerische Gleichheit. Die linke Seite *LHS* ist eine Zahl oder eine Variable, die rechte der numerische Ausdruck *Expression*.

Wenn *LHS* eine Zahl ist, wird der Ausdruck *Expression* mit Hilfe der arithmetischen Operationen des Computers evaluiert. Dann wird auf numerische Gleichheit getestet. Das Ziel gelingt, wenn der Test gelingt.

   ?- 12 is 4*3.
   Yes

Wenn *LHS* eine Variable ist, wird der Ausdruck *Expression* evaluiert und sein Wert an die Variable gebunden.

   ?- X is 4*1.
   X = 12

Die arithmetischen Standardoperationen evaluieren Ausdrücke,. Dadurch sind sie nicht mehr umkehrbar und weniger flexibel als die entsprechenden Prädikate. Die Anfrage

   ?- 12 is X*3.

erzeugt eine Fehlernachricht, denn der Ausdruck *X*3* muss vollständig instanziert sein, damit die Multiplikation gelingt.

Ein weiteres Beispiel

```
sum(X, Y, Sum) :- Sum is X + Y.
```

Das Prädikat *sum/3* ist nur in einer Richtung zu verwenden, denn *X* und *Y* müssen instanziert sein. Man kann mit Hilfe von *sum/3* zwei Zahlen addieren oder eine Summe überprüfen, z.B.

```
?- sum(2, 3, 5).
Yes
```

Der Versuch, die Zahl zu bestimmen, die zu 2 addiert 5 ergibt, erzeugt wie oben eine Fehlernachricht. Wir werden später sehen, wie wir das Prädikat *sum/3* umkehrbar machen können.

Vergleichsoperatoren

Auch die arithmetischen Vergleichsoperatoren

$$=:=, \; =\backslash=, \; <, \; >, \; \leq, \; \geq$$

sind als Infix-Systemprädikate definiert und werden durch Operationen des Computers implementiert. Um z.B. die Frage

```
?- Expression1 =:= Expression2.
```

zu beantworten, werden beide Ausdrücke *Expression...* evaluiert und miteinander verglichen. Die Anfrage gelingt, wenn beide Ausdrücke den gleichen Wert haben. Analoges gilt für die anderen Vergleichsoperatoren.

Berechnung der Länge einer Liste

Als Beispiel arithmetischer Operationen soll die Länge einer Liste, d.h. die Zahl ihrer Elemente, berechnet werden.

```
% length(List, N) :- N is the number of elements of the list List

length([], 0).                  % the empty list has length 0
length([X | Xs], N) :-          % the length of a list
        length(Xs, N_1),        % is the length of its tail
        N is N_1 + 1.           % plus 1
```

Die Ziele der rekursiven Klausel von *length/2* können nicht mehr
vertauscht werden, denn *N_1* muss instanziert sein, damit das Ziel

    N is N_1 + 1

gelingt. Ein Beispiel.

    ?- length([a, f(v), [2,3]], Length).
    Length = 3

Das Prädikat *length/2* kann auch umgekehrt benutzt werden, d.h.
Listen einer vorgegebenen Länge erzeugen.

    ?- length(List, 3).
    List = [_978, _981, _984]

3.2   Extralogische Prädikate

Eine Gruppe von Systemprädikaten erzeugt Seiteneffekte, z.B. die Ein-
und Ausgabe, den Zugriff auf Prolog-Programme und die Modifi-
kation von Prolog-Programmen. Da Seiteneffekte ausserhalb der
Prädikatenlogik liegen, werden die entsprechenden Prädikate extra-
logisch genannt.

3.2.1   Ein- und Ausgabe

Ein- und Ausgabe von Termen

Da die Ein- und Ausgabe von Implementation zu Implementation
verschieden ist, wollen wir als erstes einige Prädikate vorstellen, die
sich als Standard etabliert haben.

Das Prädikat

    read(X)

liest den nächsten Term vom aktuellen Eingabemedium - das ist
meistens das Terminal - und unifiziert ihn mit X. Das Ergebnis der
Unifikation bestimmt, ob das Ziel gelingt oder nicht. Das Prädikat
read/1 gelingt nur einmal, es wird beim Backtracking übersprungen..

Bei zeilenorientierter Eingabe ist der einzulesende Term die Eingabe bis zu einem Punkt.

Das Prädikat

    write(X)

schreibt den Term X auf das aktuelle Ausgabemedium - meistens das Terminal. Operatordefinitionen werden dabei berücksichtigt, sodass z.B. ein Infixoperator zwischen seine Argumente geschrieben wird. Auch das Prädikat *write/1* gibt beim Backtracking keine weiteren Lösungen.

Die Prädikate *read/1* und *write/1* werden auch verwendet, wenn die Daten sich auf einem File befinden. Wir müssen dazu vom Standard-Eingabemedium bzw. Standard-Ausgabemedium auf das entsprechende File umschalten.

Das Prädikat

    see(X) / tell(X)

schaltet das Standard-Eingabemedium / -Ausgabemedium auf das File mit dem Namen X um, und öffnet es.

Das Prädikat

    seen / told

schliesst das aktuelle Eingabemedium / Ausgabemedium und schaltet auf das Standard-Eingabemedium, bzw. Standard-Ausgabemedium zurück.

Das Prädikat

    seeing(X) / telling(X)

unifiziert X mit dem Namen des aktuellen Eingabemediums / Ausgabemediums. Wenn man mehrere Files für die Ein- und Ausgabe benutzt, kann man auf diese Weise den Namen eines Mediums speichern, temporär auf ein anderes Medium umschalten und anschliessend wieder zurückschalten.

Ein- und Ausgabe von Zeichen

Die Prädikate

    get/1, get0/1, put/1

lesen ASCII Zeichen vom aktuelle Eingabemedium, bzw. schreiben sie
auf das aktuelle Ausgabemedium. Dabei liest *get/1* nur druckbare,
get0/1 auch undruckbare Zeichen. Auch diese Prädikate gelingen nur
einmal.

Ein- und Ausgabe über Fenster

Viele Prolog-Implementationen bieten zusätzliche Prädikate für die
Ein- und Ausgabe an. Ein Beispiel ist das Prädikat *scroll_menu/4* des
LPA MacProlog.

```
select(Selection) :-
      scroll_menu(  ['Your choice of icecream?'],
      ['Plain vanilla', 'Chocolate', 'Espresso Croquant', 'Walnut'],
      ['Plain vanilla'],
      Selection).
```

Die Anfrage

    ?- select(Icecream_Selection).

zeigt dem Benutzer das folgende Scroll-Window an.

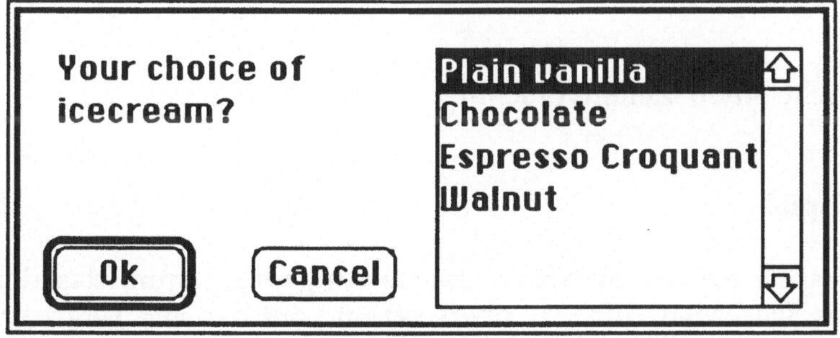

'Plain vanilla' ist bereits vorgewählt. Der Benutzer wählt mit Hilfe der Maus 'Chocolate' und 'Walnut'

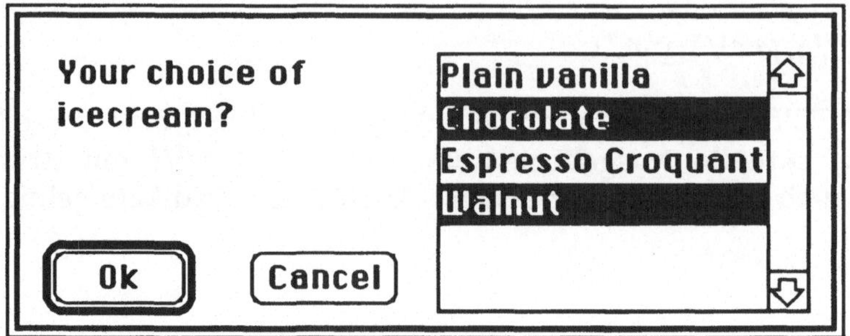

und Prolog antwortet

    Icecream_Selection=['Chocolate', 'Walnut']

Eingabe- und Ausgabekontrolle

Das Prädikat

    skip(Char)

erzeugt einen Sprung bis hinter das erste Zeichen, das sich mit *Char* unifizieren lässt. Das Prädikat

    tab(N)

verursacht, dass *N* Leerzeichen geschrieben werden. Und das Prädikat

    nl

verursacht einen Zeilenvorschub.

Ein Beispiel

Das Beispiel ist ein einfaches Übersetzungsprogramm, das den Text des Files *Source* Satz für Satz übersetzt und auf das File *Target* schreibt. Nachdem das aktuelle Eingabemedium und das aktuelle Ausgabemedium in *Old_In_File* , bzw. *Old_Out_File* gespeichert wurden, läuft eine Schleife ab, die durch das immer gelingende Systemprädikat *repeat* und das immer fehlschlagende Systemprädikat *fail* definiert wird.

```prolog
translate_and_copy(Source, Target) :-
    seeing(Old_In_File),
    telling(Old_Out_File),
    repeat,
    see(Source),
    read_sentence(Sentence),
    ( Sentence = end_of_file,
      seen,
      see(Old_In_File),
      told,
      tell(Old_Out_File)
    ; once( tell(user),
            write('Sentence '),
            write(Sentence),
            write(' read in.' ),
            nl,
            translate(Sentence, Translated_Sentence),
            tell(Target),
            write_sentence(Translated_Sentence)
          ),
      fail
    ).
```

In der Schleife wird der Satz *Sentence* vom File *Source* gelesen. Wenn es sich bei dem eingelesenen Satz um *end_of_file* handelt, werden das Eingabe- und das Ausgabefile geschlossen. Dann wird zu den gespeicherten Eingabe- bzw. Ausgabemedien zurückgeschaltet. Andernfalls wird der Satz auf dem Terminal angezeigt, in den Satz *Translated_Sentence* übersetzt und dieser auf das File *Target* geschrieben. Durch das nur einmal gelingende Prädikat *once/1* wird erreicht, dass der Satz nur einmal übersetzt wird. Das Semikolon steht für die Dijunktion zweier Ziele.

3.2.2   Laden von Prolog-Programmen

Das Prädikat

    consult(File)

wobei *File* ein (systemabhängiges) Atom ist, das ein File bezeichnet, liest ein Prolog-Programm vom File *File*. Die Klauseln dieses Programms werden zu den schon vorhandenen hinzugefügt.

Das Prädikat

    reconsult(File)

liest ein Prolog-Programm von *File*. Klauseln für ein schon existierendes Prädikat werden überschrieben.

In LPA MacProlog, das Fenster verwendet, wird zum Laden eines Prolog-Programms ein Menu-Befehl ausgewählt, der einen entsprechenden Dialog mit dem Benutzer startet und das gewünschte Programm lädt.

3.2.3   Zugriff auf Prolog-Programme

Eine weitere Gruppe von extralogischen Prädikaten greift auf das Prolog-Programm zu oder modifiziert es.

Systemprädikat *clause/2*

Durch das Systemprädikat *clause/2* können wir auf Programm-Klauseln zugreifen.

```
% clause(Head, Body) :- returns in Body the body of the first
% program clause whose head unifies with Head
% Head must be instantiated
% backtracking succeeds for each additional clause whose head
% unifies with Head
```

Das Prädikat *clause/2* verwandelt Ziele (Körper von Programm-klauseln) in Terme (Daten).

Das Programm *member/2* ist durch die zwei Klauseln

```
member(X, [X | Xs]).
member(X, [Y | Ys]) :-
        member(X, Ys).
```

definiert. Die Anfrage

    ?- clause(member(L, Ls), Body).

liefert die Körper beider Klauseln.

    L = X   % first clause of member
    Ls = [X | Xs]
    Body = true ;   % facts have the body *true*

    L = X   % second clause of member
    Ls = [Y | Ys]
    Body = member(X, Ys)

Systemprädikate assert/1 und retract/1

Es gibt auch Systemprädikate, um Klauseln zum Programm hinzuzufügen *(assert/1)*, oder aus ihm zu entfernen *(retract/1)*.

Die beiden Anfragen

    ?- assert(member(X, [X]Xs])).

    ?- assert((member(X, [Y | Ys]) :- member(X, Ys))).

würden die beiden Klauseln

    member(X, [X]Xs]).

    member(X, [Y | Ys]) :-
        member(X, Ys).

dem Programm hinzufügen, und zwar anschliessend an eventuell schon vorhandene Klauseln des Prädikats *member/2*.

Ein weiteres Systemprädikat *asserta/1* fügt vorne an.

Die Anfrage

    ?- retract(member(X, Y)).

entfernt die erste Klausel - das Faktum - von *member/2*, die Anfrage

```
?- retract((member(X, Y) :- Body)).
```

die zweite Klausel - die Regel.

Das Prädikat *retract_all/1* entfernt alle Klauseln eines Prädikats.

```
retract_all(P) :-
        retract(P),              % retract facts of P
        fail.
retract_all(P) :-
        retract((P :- Body)),    % retract rules of P
        fail.
retract_all(_).                  % succeed when done
```

Die letzte Klausel von *retract_all/1* dient dazu, das Prädikat am Schluss nicht fehlschlagen zu lassen.

Lemmas

Die Prädikate *assert/1* und *retract/1* verändern das Prolog-Programm. Dadurch ist es möglich, dass Anfragen nach der Veränderung anders beantwortet werden als vorher. Man nennt eine derartige Logik nicht-monoton.

Eine Verwendung von *assert/1* ist das Hinzufügen eines schon bewiesenen Zwischenresultats, eines sogenannten Lemmas. Da ein Lemma die logische Folgerung des Programmes ist, wird die Logik nicht verändert, sie bleibt monoton. Dafür wird das Programm effizienter. Ein Beispiel.

```
p(X) :- q(X), X \== 1.

q(1).
q(2).
```

Die Anfrage

```
?- p(X)
```

liefert das Ergebnis

```
X = 2
```

D.h. *p(2)* folgt logisch aus dem Programm. Wenn wir das Fakt *p(2)* zum Programm hinzufügen, wird daher die Logik nicht verändert. Setzen wir das Fakt durch *asserta/1* vor die Regel für *p/1*, wird das Ergebnis der Anfrage *?- p(X)* schneller gefunden, als wenn die Regel verwendet wird. Wir definieren

```
lemma(P) :- P, asserta((P :- !)).
```

Durch einen *cut* (geschrieben *!*, s. 3.5) verhindern wir, dass das Fakt und die Regel für die Herleitung des gleichen Resultats verwendet werden.

Der Aufruf

```
?- lemma(p(X)).
```

ergibt

```
X = 2
```

und das modifizierte Programm

```
p(2) :- !.
p(X) :- q(X), X \== 1.

q(1).
q(2).
```

3.3   Strukturuntersuchungen

Prolog stellt Systemprädikate zur Verfügung, die die Struktur von Termen untersuchen, die Terme analysieren und synthetisieren.

3.3.1   Typenbestimmung

Die einfachsten derartigen Systemprädikate bestimmen den Typ eines Terms.

```
number(X)        X ist eine Zahl
integer(X)       X ist ganzzahlig
```

float(X)	X ist eine Gleitkommazahl
atom(X)	X ist ein Atom
atomic(X)	X ist ein Atom oder eine Zahl
compound(X)	X ist ein zusammengesetzter Term

Zwei Beispiele.

```
?- X = a, atom(X).
Yes
```

In diesem Beispiel ist X nach der Unifikation $X = a$ das Atom a, das Ziel *atom(a)* gelingt daher.

```
?- atom(X), X = a.
No
```

Das Ziel *atom(X)* schlägt fehl, denn X ist eine Variable. Das zweite Ziel $X = a$ wird nicht erreicht.

3.3.2 Analyse und Synthese von Termen

Systemprädikat *functor/3*

Mit Hilfe des Prädikats *functor/3* erhalten wir den Zugriff auf den Funktornamen und auf die Arität eines zusammengesetzten Terms.

```
% functor(Term, Functor_name, Arity) :- Term is a term whose
% principal functor is Functor_name/Arity
```

Das Prädikat *functor/3* ist umkehrbar. Es kann einen Term analysieren oder synthetisieren.

```
?- functor(append(L1, L2, L3), F, A).
F = append, A = 3
```

```
?- functor(T, append, 3).
T = append(_212, _214, _216)
```

Ein Atom wird als Funktor mit der Arity 0 behandelt.

```
?- atom(a), functor(a, F, A).
```

F = a, A = 0

Wir können das Prädikat *functor/3* verwenden, um festzustellen, ob zwei Terme den gleichen Funktor *Funktorname/Arität* haben.

```
same_functor(Term1, Term2) :-
        functor(Term1, Functor, Arity),
        functor(Term2, Functor, Arity).
```

Das erste Ziel bestimmt den Funktor *Functor/Arity* von *Term1*. Das zweite Ziel prüft, ob *Term2* den gleichen Funktor besitzt.

Systemprädikat *arg/3*

Das Systemprädikat *arg/3* gibt den Zugriff auf die Argumente eines zusammengesetzten Terms.

```
% arg(N, Term, Argument) :- Argument is the N'th argument of
% Term
```

Welches ist das zweite Argument des Terms *append(L1, L2, L3)* ?

```
?- arg(2, append(L1, L2, L3), Arg).
Arg = L2
```

Ist *[1, 2]* das erste Argument des Terms *append([1,2], [], Zs)* ?

```
?- arg(1, append([1,2], [], Zs), [1,2]).
Yes
```

Setze das erste Argument von *append(Xs, [], Zs)* auf *[1, 2]*.

```
?- arg(1, append(Xs, [], Zs), [1, 2])
Xs = [1, 2], Zs = _902
```


Systemprädikat =../2 (univ)

Das Infix-Systemprädikat =../2 (ausgesprochen univ) verwandelt einen Term in eine Liste, deren Elemente der Funktorname des Terms gefolgt von den Argumenten des Term sind.

```
% Term =.. List :- List is a list containing the functor name of the
% term Term followed by the arguments of Term
```

Als Beispiel verwandeln wir den Term *append(L1, L2, L3)* in eine Liste.

```
?- append(L1, L2, L3) =.. L.
L = [append, L1, L2, L3]
```

Auch das Prädikat =../2 kann umgekehrt verwendet werden.

```
?- Term =.. [father, paul, mary].
Term = father(paul, mary)
```

Falls =../2 nicht als Systemprädikat definiert ist, kann man es mit Hilfe von *functor/3* und *arg/3* darstellen. Gezeigt wird die Umwandlung eines Terms in eine Liste.

```
% Term =.. List :- List is a list containing the functor name of the
% term Term followed by the arguments of Term

:- op(700, xfx, =..).            % define =.. as infix operator

Term =.. [F | Args] :-
      functor(Term, F, N),
      args(0, N, Term, Args).

args(N, N, Term, []).
args(I, N, Term, [Arg | Args]) :-
      I < N,
      I1 is I + 1,
      arg(I1, Term, Arg),
      args(I1, N, Term, Args).
```

Die Umwandlung einer Liste in einen Term wird durch ein ähnliches Programm erreicht.

Ein Beispiel

Wir wollen das Prädikat *subterm(Sub, Term)* definieren, das wahr ist, wenn der variablenfreie Term *Sub* ein Subterm von *Term* ist.

Als erstes eine Lösung mit Hilfe von *functor/3* und *arg/3* .

```
% subterm(Sub, Term) :- Sub is a subterm of the ground term
% Term

subterm(Term, Term).
subterm(Sub, Term) :-
     functor(Term, F, N),
     subterm(N, Sub, Term).

subterm(N, Sub, Term) :-
     N > 1,
     N1 is N-1,
     subterm(N1, Sub, Term).
subterm(N, Sub,Term) :-
     arg(N, Term, Arg),
     subterm(Sub, Arg).
```

Ist *a(1)* ein Subterm von *f(g(h(a(1))))* ?

```
?- subterm(a(1), f(g(h(a(1))))).
Yes
```

Welche Subterme hat *f(g(h(a(1))))* ?

```
?- subterm(X, f(g(h(a(1))))).

X = f(g(h(a(1))))    ;
X = g(h(a(1)))       ;
X = h(a(1))          ;
X = a(1)             ;
X = 1                ;

No more solutions
```

Wir können *subterm/2* auch mit Hilfe von *univ* definieren. Diese Definition ist übersichtlicher, im allgemeinen aber weniger effizient, denn =../2 generiert Zwischenstrukturen.

```
% subterm(Sub, Term) :- Sub is a subterm of the ground term
% Term

subterm(Term, Term).
```

```
subterm(Sub, Term) :-
    Term =.. [F | Args],
    subterm_list(Sub, Args).

subterm_list(Sub, [Arg | Args]) :-
    subterm(Sub, Arg).
subterm_list(Sub, [Arg | Args]) :-
    subterm_list(Sub, Args).
```

Implementation

Die Prädikate zur Strukturuntersuchung

number/1, integer/1, float/1, atom/1, atomic/1, compound/1

functor/3, arg/3, =../2

können wir uns jeweils durch eine (unendliche) Anzahl von entsprechenden Fakten

```
number(1).
number(2).
....
atom(a).
atom(b).
....
functor(f(X)), f, 1)
....


....
```

definiert vorstellen, d.h. die Prädikate bleiben prinzipiell im Rahmen der Prädikatenlogik. Tatsächlich werden sie durch Standard-operationen des Computers implementiert.

3.4   Metalogische Prädikate

Eine Reihe von Systemprädikaten erweitert Prolog über die Prädikatenlogik hinaus. Diese sogenannten metalogischen Prädikate können wir uns im Gegensatz zu den extralogischen nicht mehr als eine Menge von Fakten vorstellen.

3.4.1   Test auf Instanzierung

In der Prädikatenlogik (1. Ordnung) haben wir keinen Zugriff auf Variablennamen. Wir können nicht feststellen, ob ein Term eine Variable ist oder nicht. Prologs Systemprädikate *var/1* und *nonvar/1* erlauben uns dagegen, Aussagen über die Instanzierung von Variablen zu machen.

```
% var(Term) :- Term ist eine Variable.

?- var(X).
Yes

?- var([X]).
No
```

```
% nonvar(Term) :- Term ist keine Variable.

?- nonvar([X]).
Yes

?- X = a, nonvar(X).
X = a
```

Prädikat compound/1

Mit Hilfe von *nonvar/1* und *atomic/1* können wir das Prädikat *compound/1* definieren.

```
% compound(Term) :- Term ist ein zusammengesetzter Term
compound(Term) :-
        nonvar(Term),
        not atomic(Term).
```

Beispiel: Erweiterung des Prädikats *sum/3*

Das Prädikat *sum/3* (s. 3.1)

```
% sum(X, Y, Sum) :- Sum is the value of X + Y
sum(X, Y, Sum) :- Sum is X + Y.
```

ist nur zu verwenden, wenn *X* und *Y* instanziert sind. Mit Hilfe von
var/1 und *nonvar/1* können wir den Anwendungsbereich des
Prädikats vergrössern.

```
% sum(X, Y, Sum) :- Sum is the value of X + Y
sum(X, Y, Sum) :- nonvar(X), nonvar(Y), Sum is X + Y.

% sum(X, Y, Sum) :- Y is the value of Sum - X
sum(X, Y, Sum) :- nonvar(X), nonvar(Sum), Y is Sum - X.

% sum(X, Y, Sum) :- X is the value of Sum - Y
sum(X, Y, Sum) :- nonvar(Y), nonvar(Sum), X is Sum - Y.
```

Mit diesen Erweiterungen ist *sum/3* teilweise umkehrbar

```
?- sum(2, 3, S), sum(2, Y, 5), sum(X, 4, 5).

S = 5, Y = 3, X = 1
```

aber nicht vollständig, denn

```
?- sum(X, Y, 15).
```

gelingt nicht, da wegen der Verwendung des Systemprädikates *is/2*
immer zwei Argumente instanziert sein müssen.

3.4.2　　Unifizierbarkeit von Termen

Das Systemprädikat =/2 prüft, ob zwei Terme unifiziert werden
können.

```
% Term1 = Term2 :- Term1 and Term2 can be unified
% if at least one of the terms is a variable, or
% both terms are identical constants, or
% both terms are compound terms with identical
% principal functors (name and arity) and unifying
% corresponding arguments.


% Term1 \= Term2 :- the terms Term1 and Term2 cannot be
% unified
```

Die folgenden Beispiele decken alle Fälle ab.

```
?- X = a.
X = a

?- X = Y.
X =_159,Y =_159

?- X = abc,Y = abc, X = Y.
X = abc,Y = abc

?- f(X, Y) = f([], [1, 2, 3]).
X = [], Y = [1, 2, 3]
```

Unifikationsalgorithmus

Wir haben nun alle Prädikate zur Verfügung, um Prologs Unifikationsalgorithmus in Prolog darzustellen.

```
% unify(Term1, Term2) :- Term1 and Term2 are unified using
% the system predicate =/2
unify(X, Y) :-
      var(X), var(Y), X = Y.
unify(X, Y) :-
      var(X), nonvar(Y), X = Y.
unify(X, Y) :-
      var(Y), nonvar(X), Y = X.
unify(X, Y) :-
      nonvar(X), nonvar(Y), atomic(X), atomic(Y), X = Y.
unify(X, Y) :-
      nonvar(X), nonvar(Y), not atomic(X), not atomic(Y),
      term_unify(X, Y).

term_unify(X, Y) :-
      functor(X, F, N), functor(Y, F, N), unify_args(N, X, Y).

unify_args(0, X, Y).
unify_args(N, X, Y) :-
      N > 0, unify_arg(N, X, Y), N1 is N-1, unify_args(N1, X, Y).

unify_arg(N, X, Y) :-
      arg(N, X, ArgX), arg(N, Y, ArgY), unify(ArgX, ArgY).
```

Einige Versuche.

```
?- unify(p(a, X, Z), p(Y, b, Z)).
X = b
Z = _957
Y = a


?- unify(p(a), q(X)).
No


?- unify(X, p(X)).
```

Der Unifikationsalgorithmus verhindert nicht, dass eine Variable mit
einem Term unifiziert wird, in dem diese Variable selbst vorkommt.
Es entsteht ein zyklischer Term, was an sich kein Problem ist. Ein
Problem entsteht erst, wenn man versucht, den zyklischen Term
weiterzuverwenden oder - wie in diesem Fall - herauszuschreiben.
Wiederholte Substitution ergibt nämlich

```
p(p(p(p(p(p(p(p(p( ...
```

und damit einen Speicherüberlauf.

Um das zu verhindern, müssten wir vor der Unifikation prüfen, ob
eine Variable in einem Term vorkommt.

3.4.3　　Identität von Termen

Das Systemprädikat ==/2, prüft die Identität zweier Terme.

```
% Term1 == Term2 :- Term1 and Term2 are identical
% if they are identical constants, identical variables or compound
% terms with identical principal functors (name and arity) and
% identical corresponding arguments.


% Term1 \== Term2 :- Term1 and Term2 are different terms
```

Beispiele.

```
?- X == Y.            % two variables are different
No
```

```
?- X \== Y.          % two variables are different
Yes

?- X = Y, X == Y.    % after unification two variables are identical
Yes
```

Unifikationsalgorithmus mit occurs check

Wir wollen den Unifikationsalgorithmus um den *occurs check* erweitern, der prüft, ob eine Variable in einem Term vorkommt. Eine Variable kommt nicht in einem Term vor, wenn dieser konstant ist, oder wenn die betroffenen Variablen tatsächlich nicht identisch sind.

```
% unify(Term1, Term2) :- Term1 and Term2 are unified using
% the system predicate =/2
% With occurs check.

unify(X, Y) :-
      var(X), var(Y), X = Y.
unify(X, Y) :-
      var(X), nonvar(Y), not_occurs_in(X,Y), X = Y.
unify(X, Y) :-
      var(Y), nonvar(X), not_occurs_in(Y,X), Y = X.
unify(X, Y) :-
      nonvar(X), nonvar(Y), atomic(X), atomic(Y), X = Y.
unify(X, Y) :-
      nonvar(X), nonvar(Y), not atomic(X), not atomic(Y),
      term_unify(X,Y).

not_occurs_in(X, Y) :-
      var(Y), X \== Y.
not_occurs_in(X, Y) :-
      nonvar(Y), atomic(Y).
not_occurs_in(X, Y) :-
      nonvar(Y), not atomic(Y), functor(Y,F,N),
      not_occurs_in(N,X,Y).

not_occurs_in(0, X, Y).
not_occurs_in(N, X, Y) :-
      N > 0, arg(N,Y,Arg), not_occurs_in(X,Arg), N1 is N-1,
      not_occurs_in(N1, X, Y).
```

Nun der gleiche Test wie vorhin.

    ?- unify(X, p(X)).
    No

Das Prädikat *not_occurs_in/2* prüft zusammengesetzte Terme rekursiv. Diese Prüfung ist sehr aufwendig. Daher wird der *occurs check*
meistens fortgelassen und es bleibt die Verantwortung des Programmierers dafür zu sorgen, dass Variablen nicht in den Termen
auftauchen, mit denen sie unifiziert werden sollen.

3.4.4   Metavariablen, Systemprädikat *call/1*

Wir haben eine Menge von Elementen, auf die wir die gleiche
Operation anwenden wollen, z.B. wollen wir alle Elemente verdop-
peln. Wir stellen die Eingangs- und die Ausgangswerte als Listen dar
und verwenden das Prädikat *map/3*, das die Eingangswerte auf die
Ausgangswerte abbildet. Mit dem Prädikat

    double(X, Y) :- Y is 2 * X.

liefert die Frage

    ?- map([1, 2, 3], double, Double).
    Double = [2, 4, 6]

Wie ist das Prädikat *map/3* definiert?

    % map(Inputlist, Operation, Outputlist) :- for each element I_n of
    % the Inputlist and each element O_n of the Outputlist we have
    % Operation(I_n, O_n).

    map([], Operation, []).
    map([Input | Inputs], Operation, [Output | Outputs]) :-
            Call_term =.. [Operation, Input, Output],
            call(Call_term),
            map(Inputs, Operation, Outputs).

Zur Definition von *map/3* haben wir das Systemprädikat *call/1* verwendet.

    % call(X) :- succeeds if X is instantiated with a goal that succeeds

Das Prädikat *call/1* verwandelt Terme (= Daten) in Ziele (= Programme).

Viele Prolog-Implementationen erlauben, *call(X)* durch die sogenannte Metavariable *X* zu ersetzen.

```
map([], Operation, []).
map([Input | Inputs], Operation, [Output | Outputs]) :-
        Call_term =.. [Operation, Input, Output],
        Call_term,
        map(Inputs, Operation, Outputs).
```

MacProlog erlaubt noch eine weitere Vereinfachung, die *univ* vermeidet. Metavariablen können nicht nur für Ziele, sondern auch für Prädikatskonstanten stehen.

```
map([], Operation, []).
map([Input | Inputs], Operation, [Output | Outputs]) :-
        Operation(Input, Output),
        map(Inputs, Operation, Outputs).
```

Ein weiteres Beispiel für die Verwendung von Metavariablen ist die Disjunktion von Zielen (die meistens vordefiniert ist).

```
:- op(1100, xfy, ';').

% X ; Y :- X or Y.
X ; Y :- X.
X ; Y :- Y.
```

3.5 Cut

3.5.1 Beschneiden von Suchbäumen

Das Prädikat *max1/3* bestimmt das Maximum zweier Zahlen.

```
% max1(X, Y, Maximum) :- Maximum is the larger of the
% numbers X and Y

max1(X, Y, X) :- X >= Y.
max1(X, Y, Y) :- X < Y.
```

Das Ziel *max1(2, 3, M)* kann mit den Köpfen beider Regeln unifizieren, Backtracking ist möglich. Prolog markiert daher die erste Regel und generiert für das Backtracking einen sogenannten *choice point*. Das kostet Speicherplatz und Zeit. Wir wissen aber, dass für jede Kombination von X und Y nur eine der Regeln zutreffen kann, das Prädikat *max1/3* ist deterministisch. Backtracking wird keine weiteren Lösungen liefern, der *choice point* wird umsonst generiert.

Wie können wir Prolog mitteilen, dass *max1/3* deterministisch ist?

Prolog stellt das Systemprädikat *!/0*, ausgesprochen *cut*, zur Verfügung, um dynamisch Suchbäume zu beschneiden. Der *cut* kann verwendet werden, Zweige des Suchbaums abzuschneiden, von denen wir wissen, dass sie keine Lösung enthalten, z.B. Zweige des Suchbaums von *max1/3*. Allerdings kann man mit dem *cut* auch Zweige mit Lösungen entfernen. In jedem Fall führt der *cut* zu effizienteren Lösungen, da der Suchbaum verkleinert wird; *choice points* werden eliminiert und damit der Speicher- und Zeitaufwand verringert. An einem Beispiel soll demonstriert werden, wie der *cut* wirkt.

```
p :- q1, q2, !, q3, q4.
p :-...
```

Nehmen wir an, dass zur Befriedigung eines Zieles die erste Klausel von *p* aufgerufen wird und dass die Ziele *q1* und *q2* gelingen. Der *cut* gelingt, und legt Prolog auf alle Entscheidungen fest, die getroffen wurden, seitdem das ursprüngliche Ziel mit dem Kopf der ersten Klausel von *p* unifiziert wurde. Beim Backtracking werden Alternativen der Ziele *q1* und *q2* und andere Klauseln von *p* nicht mehr betrachtet, wohl aber Alternativen der Ziele *q3* und *q4*.

3.5.2 Grüne und rote Cuts

Wir definieren ein neues Prädikat *max2/3*, das zwei cuts enthält, um zu zeigen, dass es deterministisch ist.

```
% max2(X, Y, Maximum) :- Maximum is the larger of the
% numbers X and Y
% Cuts indicate explicitly the determinism of the predicate.
max2(X, Y, X) :- X >= Y, !.
max2(X, Y, Y) :- X < Y, !.
```

Der *cut* in der zweiten Klausel ist eigentlich redundant, er betont jedoch die Symmetrie der beiden Klauseln, die nach wie vor vertauschbar sind. Das Programm *max2/3* ist explizit deterministisch und effizienter als *max1/3*. Es hat die gleiche deklarative Bedeutung, denn es liefert die gleichen Lösungen wie *max1/3*, d.h. die *cuts* könnten ohne Folgen entfernt werden. Solche *cuts* nennen wir *grün (green cuts)*.

Man könnte meinen, der Vergleichstest in der zweiten Klausel von *max2/3* sei überflüssig , denn wenn wir zur zweiten Klausel kommen, kann X nur kleiner als Y sein. Diese Argumentation ist prozedural, denn sie setzt eine bestimmte Reihenfolge der Klauseln voraus. Definieren wir *max3/3*.

```
max3(X, Y, X) :- X >= Y, !.
max3(X, Y, Y).
```

Alles geht gut, solange das dritte Argument eine Variable ist.

```
?-    max3(5, 2, M).
M = 5               ;
No more solutions
```

Tatsächlich hat *max3/3* aber nicht mehr die gleiche Lösungsmenge wie *max2/3*, wie man aus der folgenden Anfrage sieht.

```
?- max3(5, 2, 2).
Yes
```

Diese Antwort ist falsch, denn 2 ist nicht das Maximum von 5 und 2.

Enfernen wir den *cut*, so erhalten wir die Version *max4/3*.

```
max4(X, Y, X) :- X >= Y.
max4(X, Y, Y).
```

Das Prädikat *max4/3* hat noch weniger Bezug zum ursprünglichen Maximum-Programm, denn

```
?- max4(5, 2, M)
M = 5          ;
M = 2          ;
No more solutions
```

Sei *max4/3* das eigentlich von uns gewünschte Programm und *max3/3* die durch einen *cut* daraus entstandene effizientere Version. Wie wir sahen, verändert der *cut* die Lösungsmenge. Wir nennen *cuts*, die die Lösungsmenge verändern, *rot (red cuts)*.

Der *cut* ist ein umstrittenes Prädikat, das oft nur prozedural verstanden werden kann. Trotzdem sind *cuts* nicht zu vermeiden. Meistens sind es Effizienzüberlegungen, die für die Einführung von *cuts* sprechen. Eine akzeptable Verwendung haben wir oben gezeigt: durch *green cuts* können wir den Prolog-Interpreter informieren, dass ein Prädikat deterministisch ist.

Oft ist ein Prädikat durch zwei Klauseln definiert. Eine der Klauseln enthält ein Ziel, die andere die Verneinung des gleichen Ziels.

```
p :- q, r,....
p :- not q, s,....
```

Wenn der Beweis des Ziels *q* aufwendig ist, möchte man vermeiden, ihn zweimal zu führen. Durch einen *red cut* wird erreicht, dass das Ziel *q* nur einmal bewiesen werden muss.

```
p :- q, !, r,....
p :- s,....
```

Durch den roten *cut* kann die Lösungsmenge verändert werden. Auch ist die Reihenfolge der Klauseln nicht mehr beliebig. Die erste Klausel muss vor der zweiten stehen, um falsche Lösungen zu vermeiden.

3.5.3   Prolog-Kontrollstrukturen

Wir können rote *cuts* benutzen, um in Prolog Kontrollstrukturen zu definieren, die in der Anwendung sicherer als der *cut* sind.

Prädikat if_then_else/3

Zuerst eine rein deklarative Lösung.

```
% if_then_else(If_Condition, Then_Part, Else_Part) :-
% if If_Condition succeeds, the next goal is Then_Part,
% if If_Condition fails, the next goal is Else_Part.
```

```
if_then_else(If_Condition, Then_Part, Else_Part) :-
    If_Condition,
    Then_Part.
if_then_else(If_Condition, Then_Part, Else_Part) :-
    not If_Condition,
    Else_Part.
```

Falls der Beweis von *If_Condition* aufwendig ist, ist diese Lösung ineffizient, denn *If_Condition* muss möglicherweise zweimal bewiesen werden.

Eliminieren wir einen Beweis mit Hilfe eines roten *cut* .

```
if_then_else(If_Condition, Then_Part, Else_Part) :-
    If_Condition,
    !,
    Then_Part.
if_then_else(If_Condition, Then_Part, Else_Part) :-
    Else_Part.
```

Die Reihenfolge der Klausel wird nun wichtig, denn eine Umkehrung kann zu Situationen führen, in denen *Else_Part* ausgeführt wird, obwohl *If_Condition* wahr ist.

Prädikat *once/1*

Das Prädikat *once/1* dient dazu, ein Ziel nur einmal auszuführen; Backtracking wird verhindert.

```
% once(P) :- the goal P will be called once

once(P) :- call(P), !.
```

Ein einfaches Beispiel.

```
p(1).
p(2).

?- once(p(X)).

X = 1     ;
No more solutions.
```

Obwohl das Ziel $p(X)$ drei Lösungen hat, liefert $once(p(X))$ nur die erste.

3.6 Negation in Prolog

Prolog-Klauseln

    h(...) :- b1(...),..., bn(...).

    h(...).

erlauben nur die Darstellung positiver Information, d.h. Prolog kann immer nur beweisen, dass etwas der Fall ist, nicht aber, dass etwas nicht der Fall ist.

Wir bezeichnen mit ¬ die normale logische Verneinung. Das Theorem ¬ $p(3)$ ist keine logische Folgerung des Programms P

    p(1).
    p(2).

Andererseits beantwortet Prolog die Frage

    ?- p(3).

mit

    No

d. h. auch das Ziel $p(3)$ ist keine logische Folgerung des Programms P.

3.6.1 Closed World Assumption

Wir führen nun eine neue Schlussweise ein.

Da $p(3)$ nicht aus P folgt, schliessen wir , dass ¬ $p(3)$ gilt.

Diese Schlussweise wird *closed world assumption* genannt. Wenn ein variablenfreies Ziel Z nicht aus einem gegebenen Programm P folgt, schliessen wir ¬ Z, d.h. wir nehmen an, dass das Programm P alle Informationen über das betreffende Gebiet enthält.

Wir verwenden die *closed world assumption* täglich. Aus der Tatsache, dass im Fahrplan kein Zug um 12.31 h von Zürich nach Bern auftaucht, schliessen wir *per default,* dass es keinen gibt.

Allerdings ist die *closed world assumption* keine monotone Schlussweise wie die normale Negation. Wenn wir erfahren, dass der Zug um 12.31 h wegen eines Druckfehlers im Fahrplan vergessen wurde, müssen wir unseren Schluss revidieren.

Die *closed world assumption* geht davon aus, dass wir feststellen können, ob ein Ziel Z aus einem Programm folgt oder nicht. Prädikatenlogik ist jedoch nicht entscheidbar: es gibt keine Entscheidungsprozedur, die nach endlicher Zeit feststellt, ob ein beliebiges Ziel Z aus einem Programm P folgt oder nicht. Falls Z keine logische Konsequenz von P ist, kann die Entscheidungsprozedur in eine unendliche Schleife geraten. Daher können wir die *closed world assumption* nur für solche Ziele Z verwenden, deren Beweis nach endlicher Zeit fehlschlägt.

3.6.2   Negation As Failure

Wir hatten gesehen, dass während des Beweises eines Zieles Z aus einem Programm P drei Fälle zu unterscheiden sind: der Suchbaum hat mindestens einen erfolgreichen Zweig (Z konnte bewiesen werden), der Suchbaum hat nur endlich fehlschlagende Zweige (Z konnte nicht bewiesen werden), oder der Suchbaum enthält unendliche Zweige (die Beweisbarkeit von Z ist offen).

Wie führen daher für Prolog eine neue nicht-monotone Schlussweise ein, die *negation as failure* genannt wird.

Wenn der Suchbaum für ein Ziel Z nur endlich fehlschlagende Zweige enthält, schliessen wir *not Z*. Um *negation as failure* von der normalen logischen Negation ¬ zu unterscheiden, schreiben wir *not*.

Das Ziel *not Z* ist genau dann wahr, wenn das Ziel Z endlich fehlschlägt, d.h. wenn der Suchbaum für Z endlich ist und alle Zweige in Zielen enden, die mit keinem Kopf einer Programmklausel unifiziert werden können.

Das Ziel *not Z* ist genau dann falsch, wenn das Ziel Z gelingt.

Wir wollen *negation as failure* an unserem Beispielprogramm demonstrieren. Die Anfrage

    ?- p(3).

schlägt fehl, also gelingt ihre Verneinung.

    ?- not p(3).
    Yes

Da die Anfrage

    ?- p(1).

gelingt, gilt

    ?- not p(1).
    No

Negation as failure ist eine schwächere Schlussmethode als die *closed world assumption*, da die Menge der endlich fehlschlagenden Ziele nur eine Untermenge des Komplements der gelingenden Ziele ist - es fehlen eben die Ziele, deren Suchbaum unendliche Zweige enthält.

Negation as failure ist implementiert, als ob es durch die Klauseln

    not P :- P, !, fail.
    not P.

definiert sei. Dieses Programm hat keine deklarative, sondern nur eine prozedurale Interpretation. In der ersten Klausel wird versucht, *P* zu beweisen. Falls *P* gelingt, wird der *cut* ausgeführt, und dann lässt das immer fehlschlagende Systemprädikat *fail* das Ziel *not P* fehlschlagen. Der *cut* verhindert Backtracking. Falls *P* misslingt, sorgt die zweite Klausel für das Gelingen von *not P*.

3.6.3   Variablen in negierten Zielen

Negation as failure ist kein normales Prädikat, sondern ein Test. Beim Aufruf von *not P* wird geprüft, ob *P* gelingt oder endlich fehlschlägt, Variablen werden bei diesem Test nicht gebunden. Das Ergebnis des Tests ist ein boole'scher Wert, der anschliessend invertiert wird.

Negation as failure kann daher zu Problemen führen, wenn negierte
Ziele Variablen enthalten.

>   ?- X=2, not (X=1).
>   X=2

Tracing zeigt, wie die Antwort zustande kommt.

```
call    X=2
exit    2=2              % X is bound to 2 outside of negation
call    not (2=1)        % prove negation
call    2=1              % test:  is argument of negation provable?
fail    2=1              % fail
exit    not (2=1)        % invert fail to true
                         % keep binding of X to 2
```

Kehren wir die Reihenfolge der Ziele um.

>   ?- not (X = 1), X = 2.
>   No

```
call    not(X=1)         % prove negation
call    X=1              % test: is argument of negation provable?
exit    1=1              % yes, X is bound to 1 inside of negation
fail    not(X=1)         % invert true to fail
                         % undo binding of X to 1
```

Das Ziel *not (X = 1)* schlägt fehl, da das Ziel *X = 1* gelingt.

Logisch gesehen sind beide Anfragen identisch. Aus dem Beispiel folgt
aber, dass *negation as failure* zu inkorrekten Resultaten führen kann,
wenn ungebundene Variablen im Ziel not P auftauchen und wenn
vor der Bindung von *P* nicht klar ist, ob *not P* gelingen sollte oder
nicht. *Negation as failure* kann nur dann sicher verwendet werden,
wenn keine Variablen auftauchen, oder wenn Variablen der negierten
Ziele vorher hinreichend instanziert werden, man z.B. die Anfrage

>   ?- X=2, not (X=1).

wählt. Diese Instanzierung kann der Programmierer durch
Umordnung der Ziele erreichen. Das kann allerdings zur Folge haben,
dass das gesamte konjunktive Ziel ineffizienter abgearbeitet wird.

Es gibt auch Prolog-Implementationen, die negierte Ziele erst dann abarbeiten, wenn sie hinreichend instanziert sind (s. 9.6.2).

3.6.4   Anwendungen von Negation As Failure

Oft möchte man testen, ob ein Prädikat gelingt, ohne dass bei dem Test Variablen instanziert werden. Das Prädikat *verify/1* benutzt dazu die Eigenschaft von *negation as failure*, Variablen nicht zu binden. Die doppelte Verneinung sorgt für den korrekten Wahrheitswert.

```
verify(P) :- not not P.
```

Für unser Beispiel

```
p(1).
p(2).
```

liefern die Anfragen

```
?- p(X).
X=1
```

beziehungsweise

```
?- verify(p(X)), var(X).
X = _902
```

Beide Anfragen gelingen. Im ersten Fall wird *X* an den Term *1* gebunden, im zweiten Fall jedoch nicht.

Das Systemprädikat *numbervars(T, N0, N)* ersetzt alle Variablen eines Term *T* durch *'$VAR(n)'*. Der Index *n* beginnt bei *N0*. Das Argument *N* wird mit der Zahl instanziert, die um *1* grösser ist als die Zahl der ersetzten Variablen.

```
?- numbervars(p(X, Y, Z), 1, N).
X='$VAR'(1), Y='$VAR'(2), Z='$VAR'(3), N=4
```

Wir können *verify/1* und *numbervars/3* verwenden, um festzustellen, ob ein Term die alphabetische Variante eines anderen ist, ohne dass dabei Variablen gebunden werden.

```
% variants(Term1, Term2) :- Term1 and Term2 are alphabetic
% variants.

variants(Term1, Term2) :-
        verify( (numbervars(Term1, 1, N),
                 numbervars(Term2, 1, N),
                 Term1 = Term2)
              ).

?- variants(p(X, Y), p(X1, X2)).
Yes


?- variants(p(X, Y), p(X1, X1)).
No
```

3.6.5   Negation As Failure und logische Negation

Negation as failure als Nicht-Beweisbarkeit ist nicht die gewöhnliche Negation ($\neg$), sondern ein metalogisches Konzept. Dazu ein kleines Beispiel.

```
female(X) :- not male(X).
male(paul).

?- female(mary).
Yes
```

Das Ziel *female(mary)* gelingt, weil das Ziel *male(mary)* fehlschlägt. Es handelt sich offensichtlich nicht um logische Negation, denn dass *male(mary)* fehlschlägt, bedeutet nicht, dass $\neg$ *male(mary)* eine logische Konsequenz, sondern dass *male(mary)* keine ist. Tatsächlich sind weder *male(mary)* noch $\neg$ *male(mary)* logische Konsequenzen des Programms.

Logik mit der gewöhnlichen Negation ist monoton. Wenn einmal $\neg p$ bewiesen wurde, dann bleibt es dabei. Beim Hinzufügen von weiteren (konsistenten) Axiomen kann die Menge der beweisbaren Sätze nie ab-, sondern nur zunehmen. *Negation as failure* ist jedoch nicht monoton. Wenn *not p* bewiesen wurde, weil p nicht beweisbar war, dann können später hinzugefügte Axiome - z.B. das Faktum p - die Anfrage p beweisbar machen und damit entfällt der Beweis für *not p*.

Um den Unterschied zwischen gewöhnlicher logischer Negation und *negation as failure* zu betonen, wird in einigen Prolog-Implementationen anstelle von *not* das symbolische Atom \+ geschrieben, das an ein durchgestrichenes |- erinnern soll ('nicht beweisbar'). Im ISO Prolog-Standard wird *fail_if* vorgeschlagen.

Es wird immer wieder versucht, *negation as failure* durch die klassische Negation zu ersetzen. Überzeugende und effiziente Lösungen gibt es bisher nicht. Die Beschränkung auf Horn-Klauseln war der entscheidende Durchbruch, um Resolution effizient ausführen zu können. Klassische Negation würde dagegen wieder die volle Klausellogik einführen. *Negation as failure* ist nicht nur effizient, sondern entspricht - wie erwähnt - auch unserem Vorgehen bei fehlender Information, ist also eigentlich kein Notbehelf. Wenn wir jedesmal alles aufzählen wollten, was nicht der Fall ist - 'Kein Zug von Zürich nach Bern um 12.31', 'Kein Zug von Zürich nach Bern um 12.32', 'Kein Zug... - dann würde unsere Datenbank sich sehr schnell füllen.

3.7   Mengenprädikate

3.7.1   Alle Lösungen eines Ziels

Wie gehen wir vor, um alle Lösungen eines Ziels zu erhalten?

In der Familiendatenbank sind Relationen der Art

```
father(joe, mary).
father(joe, anne).
father(henry, barbara).
...
```

enthalten.

Um alle Kinder von Joe zu bestimmen, können wir durch die Eingabe von Semikolons alle Lösungen verlangen.

```
?- father(joe, X)
X=mary     ;
X=anne     ;
No more solutions
```

Wir erhalten alle Lösungen, jedoch ist immer nur jeweils eine verfügbar.

Eine andere Möglichkeit ist die sogenannte *failure-driven loop*.

```
?- father(joe, X), write(X), nl, fail.
mary
anne
No
```

Auch hier sind die Antworten einer Backtracking-Runde in der nächsten nicht mehr verfügbar.

Eigentlich suchen wir die Menge

```
Children = {Child | father(joe, Child)}
```

in der Form einer Datenstruktur, die uns den Zugriff auf alle Lösungen gibt, und uns erlaubt, das aufwendige Backtracking durch Iteration zu ersetzen.

Da wir nun nicht mehr über eine Lösung sprechen, sondern Aussagen über alle Lösungen eines Ziels machen, d.h. über die Eigenschaften von Mengen, verlassen wir die Prädikatenlogik erster Stufe und machen einen Ausflug in die Prädikatenlogik zweiter Stufe.

Systemprädikat *findall/3*

Prolog stellt verschiedene Systemprädikate zur Verfügung, mit denen wir Lösungsmengen in der Form von Listen bestimmen können.

Eines ist *findall/3*.

```
% findall(Term, Goal, List) :- List contains the instantiations of
% Term for which Goal is true
```

Mit den obigen *father/2*-Relationen erhalten wir alle Kinder von Joe.

```
?- findall(Child, father(joe, Child), Children).
Child=_903, Children=[mary, anne]
```

oder alle Kinder unabhängig vom Vater

```
?- findall(Child, father(Father, Child), Children).
Child=_885, Father=_886, Children=[mary, anne, barbara]
```

oder alle Vater - Kind Kombinationen.

```
?- findall(Father-Child, father(Father, Child), Fathers_Children).
Father=_899, Child=_900,
Fathers_Children=[joe-mary, joe-anne, henry-barbara]
```

Systemprädikate *bagof/3* und *setof/3*

Zwei weitere Systemprädikate *bagof/3* und *setof/3* bieten mehr
Funktionalität als *findall/3*, sind jedoch weniger effizient.

```
% bagof(Term, Goal, List) :- List is the sequence of instances of
% Term for which Goal is true. Each element of the sequence
% occurs as often as Goal can be proved with it as an instance of
% Term.
```

```
% setof(Term, Goal, List) :- List is the ordered set of instances of
% Term for which Goal is true.
```

Das Prädikat *bagof/3* hat als Lösungsmenge *List* die Liste aller Instanzen von *Term*, für die *Goal* beweisbar ist, und zwar so oft und in
der Reihenfolge, wie *Goal* bewiesen wurde. Das Prädikat *setof/3* hat
die gleiche Lösungsmenge wie *bagof/3*. Jedoch werden doppelte
Lösungen eliminiert und die Lösungen sortiert.

Ein kleines Beispiel zeigt den Unterschied zwischen *bagof/3* und
setof/3.

```
p(1).
p(2).
p(X) :- q(X).

q(1).

?- bagof(X, p(X), Xs).
X=_950, Xs=[1, 2, 1]
?- setof(X, p(X), Xs).
X=_950, Xs=[1, 2]
```

Anders als in *findall/3* werden in *bagof(Term, Goal, List)* oder in *setof(Term, Goal, List)* Variablen *X1, X2, ..., Xn*, die in *Goal*, aber nicht in *Term* auftauchen, behandelt, als ob sie ausserhalb von *bagof/3*, bzw. *setof/3* gebunden würden. Lösungen werden daher für jede Instanzierung dieser freien Variablen *X1, X2, ..., Xn* getrennt aufgeführt.

Das kann am Beispiel der Familien-Datenbank gezeigt werden. Die folgende Frage liefert die Liste der Kinder getrennt für jeden Vater.

```
?- setof(Child, father(Father, Child), Children).
Child=_935, Father=joe, Children=[anne, mary]      ;
Child=_935, Father=henry, Children=[barbara]       ;
No more solutions
```

Um ähnlich wie bei *findall/3* alle Lösungen unabhängig von den jeweiligen Instanzen der freien Variablen *X1, X2, ..., Xn* zu finden, d.h. die Lösungsmenge

Solutions = {Solution | ∃ X1, X2, ..., Xn : Goal(X1, X2, ..., Xn, ...)}

erlauben *bagof/3* bzw. *setof/3* freie Variablen *X1, X2, ..., Xn* als existentiell quantifiziert vor *Goal* zu setzen. Man schreibt X1^X2^...Xn^Goal.

In unserem Beispiel also

```
?- setof(Child, Father^father(Father, Child), Children).
Child=_899, Father =_900, Children=[anne, barbara, mary]
```

Wir können die Variable *Father* auch in den Term hineinschreiben, dessen Instanzen wir suchen.

```
?- setof(Father-Child, father(Father, Child), Children).

Father=_899, Child=_900,
Children=[henry-barbara, joe-anne, joe-mary]
```

Wenn keine Lösungen existieren, liefert *findall/3* als Resultat die leere Liste und die beiden anderen Prädikate schlagen fehl.

```
?- findall(Child, father(tom, Child), Children).
Child=_963,Children=[]    ;
No more solutions
```

```
?- setof(Child, father(tom, Child), Children).
No
```

3.7.2   Anwendungen der Mengenprädikate

Wir können *setof/3* verwenden, um festzustellen, wieviele verschiedene Lösungen ein Ziel hat.

```
% number_of_solutions(Term, Goal, N) :- N is the number of
% distinct instances of Term so that Goal is true

number_of_solutions(Term, Goal, N) :-
    setof(Term, Goal, Instances),      % generate distinct solutions
    length(Instances, N).              % and count them
```

Wieviele Kinder hat Joe?

```
?- number_of_solutions(Child, father(joe, Child), N),
   nl, write('Joe has '), write(N), write(' children'), nl.

Joe has 2 children
Child=_436, N=2
```

Als eine weitere Anwendung das Prädikat *forall/2*, das feststellt, ob
alle Lösungen eines Ziels eine Bedingung erfüllen.

```
% forall(Goal, Condition) :- Condition is true for all solutions of
% Goal

forall(Goal, Condition) :-
    findall(Condition, Goal, Solutions),
    check(Solutions).

check([Solution | Solutions]) :-
    Solution,
    check(Solutions).
check([]).
```

Als Anwendung von *forall/2* ein Primzahlprogramm. Das Programm
ist sehr ineffizient, denn es prüft, ob eine vorgegebene Zahl durch
keine kleinere Zahl geteilt werden kann.

```prolog
% prime(X) :- check that X is prime
prime(X) :- forall(range(2, X, Y), not divides(X, Y)).

% range(Startvalue, Endvalue, Value) :- generates all values
% Value in the range Startvalue ≤ Value < Endvalue
range(Startvalue, Endvalue, Startvalue).
range(Startvalue, Endvalue, Value) :-
     NextStartvalue is Startvalue + 1,
     NextStartvalue < Endvalue,
     range(NextStartvalue, Endvalue, Value).

% divides(Value1, Value2) :- Value1 is an integer multiple of
% Value2
divides(Value1, Value2) :-
     Divisor is Value1/Value2,
     integer(Divisor).
```

Zwei Anfragen.

```prolog
?- prime(5).
Yes

?- prime(3721).
No
```

4 Prolog-Programmiertechniken

Wie in jeder Sprache haben sich auch in Prolog eine Anzahl von Programmiertechniken entwickelt, von denen wir einige in diesem Kapitel vorstellen wollen, nämlich Schleifen, Akkumulatoren und Differenzlisten. Weitere Programmiertechniken tauchen in den Kapiteln auf, die sich mit den Anwendungen der logischen Programmierung befassen.

4.1 Schleifen

In Prolog gibt es keine Iteration. Deshalb müssen Backtracking oder Rekursion verwendet werden, um iterative Algorithmen zu implementieren.

Beginnen wir mit den Konstruktionen, die Backtracking verwenden. Backtracking kann explizit (z.B. durch das Systemprädikat *fail*) oder implizit ausgelöst werden.

4.1.1 Failure-Driven Loops

Eine wichtige Schleifenkonstruktion ist die *failure-driven loop*, mit der man alle Lösungen eines Ziels generieren kann. Meistens endet sie mit dem Systemprädikat *fail*, das immer misslingt und dadurch Backtracking auslöst.

Failure-Driven Loops mit dem Systemprädikat *fail*

Ihre einfachste Form ist das konjunktive Ziel

    Goal, fail

Die *while*-Schleife des Fragments eines prozeduralen Programms

```
...
read(x);
WHILE x # END_OF_FILE DO
     write(x);
     NEWLINE;
     read(x)
END
...
```

kann man in Prolog durch eine *failure-driven loop* darstellen.

```
% echo :- echo reads terms from the standard input and echos
% them on the standard output

echo :-
     repeat,
          read(X),
          echo(X),
     !.
echo(X) :-
     X == end_of_file.
echo(X) :-
     write(X),
     nl,
     fail.
```

Die Schleife besteht aus *repeat... fail*. Das Prädikat *repeat*, das immer gelingt, ist nötig, da *read/1* kein Backtracking erlaubt.

Durch eine *failure-driven loop* kann man auch das Prädikat *consult/1* definieren, das alle Klauseln eines Programms einliest.

```
% consult(File) :- the clauses of the program in the file File are
% read in and asserted.
consult(File) :-
     seeing(OldFile),
     see(File),
     consult_loop,
     seen,
     see(OldFile).
```

```
consult_loop :-
    repeat,
    read(Clause),
    process(Clause),
    !.

process(X) :-
    X == end_of_file.
process(Clause) :-
    assert(Clause),
    fail.
```

Allgemein hat eine *failure-driven loop* die Form

```
predicate( ... ) :-
    initialize,
    repeat,
        get_next_item( ... ),
        process_item( ... ),
    !.

process_item( ... ) :-
    is_last_item( ... ),
    process_last_item( ... ).
process_item( ... ) :-
    process_normal_item( ... ),
    fail.
```

Failure-Driven Loops ohne das Systemprädikat *fail*

Anstelle durch das Prädikat *fail* kann man die Schleife auch durch andere Prädikate abschliessen, die im Normalfall fehlschlagen, zum Abschluss jedoch gelingen.

```
% copy_file(Input, Output) :- copies the file Input to the file
% Output

copy(Input, Output):-
    seeing(OldInput),
    see(Input)
    telling(OldOutput),
    tell(Output),
```

```
    repeat,
       read(X),
       write(X),
       X == end_of_file,        % terminate at end_of_file
    !,                          % prevent backtracking after
    seen,                       % end_of_file
    see(OldInput),
    told,
    telling(OldOutput).
```

Allgemein haben diese Schleifen die Form

```
predicate(... ) :-
       initialize,
       repeat,
          get_next_item( ... ),
          process_item( ... ),
          fail_unless_last_item( ... )
    !,
    terminate.
```

Failure-Driven Loops, die N-mal gelingen

Das Systemprädikat *repeat/0*, das immer gelingt, verhält sich, als ob es folgendermassen definiert ist.

```
repeat.
repeat :- repeat.
```

Eine Verallgemeinerung von *repeat/0* ist das Prädikat *nrepeat/1*, das eine vorgegebene Anzahl von Malen gelingt.

```
% nrepeat(N) :- succeed N times

nrepeat(_).
nrepeat(N) :-
    N > 1,
    NM1 is N - 1,
    nrepeat(NM1).
```

Das Prädikat *nrepeat/1* kann zusammen mit *fail* zur Konstruktion zählender Schleifen verwendet werden.

```
test_Goal_N_times(Goal, N) :-
    nrepeat(N),
    Goal,
    write(Goal),
    nl,
    fail.
test_Goal_N_times(_, _).
```

Die zweite Klausel sorgt dafür, dass *test_Goal_N_times/2* zum
Abschluss der Schleife gelingt.

4.1.2   Schleifen durch implizites Backtracking

Die einfachste Schleife entsteht durch implizites Backtracking. Das
Prädikat *common/3* prüft, ob zwei Listen ein gemeinsames Element
enthalten.

```
% common(X, L1, L2) :- is true if the lists L1 and L2 have X as a
% common member

common(X, L1, L2) :- member(X, L1), member(X, L2).
```

Ein Beispiel mit Tracing.

```
?- L1=[1, 2, 3], L2=[2, 4, 6], common(X, L1, L2).

call    common(X, [1, 2, 3], [2, 4, 6])
call    member(X, [1, 2, 3])
exit    member(1, [1, 2, 3])
call    member(1, [2, 4, 6])
fail    member(1, [2, 4, 6])
redo    member(1, [1, 2, 3])
exit    member(2, [1, 2, 3])
call    member(2, [2, 4, 6])
exit    member(2, [2, 4, 6])
exit    common(2, [1, 2, 3], [2, 4, 6])

L1=[1, 2, 3], L2=[2, 4, 6], X=2
```

Eigentlich handelt es sich um zwei ineinander verschachtelte
Schleifen. Das erste Ziel member/2 erzeugt die äussere, das zweite die
innere Schleife. Die Schleifen werden beendet, wenn entweder ein

gemeinsames Element gefunden wurde (Erfolg), oder wenn alle Elemente getestet worden sind (Erfolg, wenn die letzten Elemente der beiden Listen gemeinsam sind, sonst Misserfolg).

4.1.3   Generate and Test

Das Prädikat *common/3* ist ein Beispiel für eine Methode, die *generate and test* genannt wird. Viele Algorithmen lassen sich in zwei Komponenten aufteilen: in einen Generator, der Lösungen produziert oder vorschlägt, und einen Tester, der vorgeschlagene Lösungen auf Gültigkeit prüft.

```
generate_and_test(X) :-
    generate(X),
    test(X).
```

Das Prädikat *generate/1* gelingt und liefert als Resultat einen Wert für X, mit dem *test/1* aufgerufen wird. Wenn *test/1* gelingt, haben wir eine gültige Lösung. Wenn *test/1* misslingt, liefert Backtracking zu *generate/1* den nächsten Kandidaten. Das geht solange, bis eine akzeptable Lösung gefunden wurde oder der Generator erschöpft ist.

Algorithmen, die auf *generate and test* basieren, sind übersichtlich und meistens leichter als andere Algorithmen zu finden. Sie sind allerdings oft nicht sehr effizient, denn der Generator kann zuviele Lösungen vorschlagen, die der Tester verwirft. Das Ziel ist es dann, den Generator und den Tester so miteinander zu kombinieren, dass nur noch akzeptable Lösungen vorgeschlagen werden.

4.1.4   Schleifen durch Rekursion

Iterative Algorithmen können auch durch Rekursion implementiert werden. Rekursive Algorithmen sind meistens eleganter als iterative, d.h. allgemeiner verwendbar, kürzer und leichter zu verstehen, haben jedoch oft den Nachteil der geringeren Effizienz. Insbesondere wird Speicherplatz benötigt, um die Informationen jeder noch offenen Rekursionsstufe zu speichern. Rekursive Lösungen benötigen im allgemeinen Speicherplatz proportional zur Tiefe der Rekursion. Iterative Lösungen dagegen brauchen nur konstanten Speicherplatz unabhängig von der Zahl der Iterationen.

Endrekursive (iterative) Prädikate haben Klauseln der Form

```
p :- b1, b2,..., bn, p.
```

wobei die Ziele *bi* deterministisch sind. Auf endrekursive Prädikate kann von Prolog-Implementationen die sogenannte *tail recursion optimization* angewandt werden. Damit wird es möglich, Rekursion ähnlich wie Iteration in konstantem Speicherplatz auszuführen. Viele Schleifenkonstruktionen sind endrekursiv. Im Kapitel über Akkumulatoren (s. 4.2) werden wir zeigen, wie man rekursive Prädikate in endrekursive verwandeln kann.

Das Prädikat *echo* kann man auch durch Rekursion darstellen.

```
% echo :- echo reads terms from the standard input and echos
% them on the standard output

echo :-
      read(X),
      echo(X).
echo(X) :-
      X == end_of_file.
echo(X) :-
      write(X),
      nl,
      read(Y),
      echo(Y).
```

Die Schleife wird durch *echo* aufgerufen. Wie in der prozeduralen Lösung muss ausserhalb der Schleife *read/1* aufgerufen werden, bevor die Schleife beginnt. Innerhalb der Schleife werden das Testen und das Lesen des Arguments getrennt, denn ein Term kann nicht ein zweites Mal gelesen werden. Man kann *green cuts* einführen, um anzuzeigen, dass das Prädikat deterministisch ist.

4.1.5   Zählende Schleifen

Nun sollen zählende Schleifen vorgestellt werden, mit denen man z.B. alle Argumente eines Terms untersuchen kann.

Als erstes eine Lösung, die abwärts zählt, vorgeführt am Prädikat *ground/1*, das feststellt, ob ein Term variablenfrei (*ground*) ist.

```
% ground(Term) :- Term is a ground term
ground(Term) :-
     nonvar(Term),
     functor(Term, _, N),
     ground(N, Term).


% ground(N, Term) :- Term which is a term of arity N contains
% no variables in its arguments
ground(0,_).
ground(N, Term) :-
     N > 0,
     arg(N, Term, Arg),
     ground(Arg),
     NM1 is N - 1,
     ground(NM1,Term).
```

Allgemein hat eine solche Schleife die Form

```
predicate(arguments) :-                    % initialize
     ...,
     predicate(N, arguments).
predicate(0, arguments).                   % no more elements
predicate(N, arguments) :-
     N > 0,
     process(N, arguments),                % process N'th element
     NM1 is N - 1,
     predicate(NM1, arguments).
```

(*N* ist die Zahl der noch nicht verarbeiteten Elemente.)

Nun das gleiche Problem mit einer Schleife, die aufwärts zählt.

```
% ground(Term) :- Term is a ground term

ground(Term) :-
     nonvar(Term),
     functor(Term, _, N),
     ground(0, N, Term).


% ground(I, N, Term) :- Term which is a term of arity N contains
% no variables in its arguments I+1,..., N

ground(N, N, _).
```

```
ground(I, N, Term) :-
    I < N,
    IP1 is I + 1,
    arg(IP1, Term, Arg),
    ground(Arg),
    ground(IP1, N,Term).
```

Allgemein hat eine solche Schleife die Form

```
predicate(arguments) :-                  % initialize
    ...,
    predicate(0, N, arguments).
predicate(N, N, arguments).              % no more elements
predicate(I, N, arguments) :-
    I < N,
    IP1 is I + 1,
    process(IP1, arguments),             % process IP1'th element
    predicate(IP1, N, arguments).
```

(I ist die Anzahl der schon verarbeiteten, N die Gesamtzahl der Elemente.)

4.2   Akkumulatoren

4.2.1   Iterative Algorithmen

In einer prozeduralen Sprache wird die Länge einer Liste durch Iteration berechnet, z.B. durch das folgende Programm.

```
FUNCTION length(VAR x : list): INTEGER;
VAR n: INTEGER;
BEGIN
    n := 0;
    WHILE x # NIL DO
        n := n + 1;
        x := x^.cdr
    END;
    RETURN n
END length
```

Der Parameter *n* enthält bei jedem Iterationsschritt das jeweilige Zwischenresultat. Am Schluss wird der Funktionswert *length* auf den Endwert von *n* gesetzt.

In Prolog definieren wir das rekursive Prädikat *length/2*.

```
% length(List, N) :- N is the number of elements of the list List

length([], 0).                 % the empty list has length 0
length([X | Xs], N) :-         % the length of a list
    length(Xs, N_1),           % is the length of its tail
    N is N_1 +1.               % plus 1
```

Rekursion ist im Gegensatz zur Iteration sehr speicher- und rechenintensiv, denn für jeden Aufruf wird ein sogenannter *stack frame* angelegt, der Informationen speichert - u.a. für die Rückkehr zum aufrufenden Prädikat. Falls es sich allerdings um ein endrekursives (*tail recursive*) Prädikat handelt, ist eine Rückkehr überflüssig und es wird kein *stack frame* angelegt, die Rekursion kann wie Iteration behandelt werden. Viele Prolog-Implementationen erkennen *tail recursion* und führen *tail recursion optimization* durch. Die Situation ist durch drei Bedingungen gekennzeichnet: der rekursive Aufruf entsteht durch das letzte Ziel in der Klausel, alle anderen Ziele der Klausel haben keine weiteren Lösungen, und für das Prädikat gibt es keine alternativen Klauseln.

Rekursive Prädikate, bei denen der rekursive Aufruf nicht das letzte Ziel des Klauselkörpers ist, kann man in endrekursive verwandeln. Das geschieht z.B. durch das Einfügen eines zusätzlichen Arguments - genannt Akkumulator - der die aktuellen Zwischenresultate von Rekursionsstufe zu Rekursionsstufe weitergibt. Meistens ist eines der Zwischenresultate das Endresultat der Berechnung.

Die zweite und dritte Bedingung für *tail recursion optimization* kann man z.B. mit Hilfe von *indexing* überprüfen. Um festzustellen, welcher Klauselkopf mit einem Ziel unifiziert werden kann, suchen viele Prolog-Implementationen nicht das gesamte Programm durch, sondern verwenden *indexing (hashing)*, um direkt zu einer passenden Klausel zu gelangen. Zur Indizierung wird meistens der Prädikatsname und der Hauptfunktor des ersten Arguments verwendet. Der Prolog-Interpreter kann also feststellen, ob Unifikation mit alternativen Klauselköpfen möglich ist.

4.2.2 Endrekursive Prädikate

Wir machen das Prädikat *length/2* endrekursiv, indem wir einen weiteren Parameter als Akkumulator einführen, der die jeweils aktuelle Länge enthält. Die Liste wird bei jedem Schritt verkürzt. Sind wir bei der leeren Liste angelangt, wird der Akkumulator mit der Resultatvariablen unifiziert, die durch alle Rekursionsschritte mitgeführt wurde.

```
% length(List, Length) :- Length is the number of elements of List
length(List, Length) :-
    length(List, 0, Length).   % introduce accu and initialize it to 0

length([], N, N).              % if list is [] unify accu and result
length([_ | L], N0, N) :-      % to calculate length of list with given
    N1 is N0 + 1,              % accu increase it by 1 and calculate
    length(L, N1, N).          % length of tail with new accu
```

Der Akkumulator - das zweite Argument von *length/3* - enthält den laufenden Wert der Länge. Das sieht man im folgenden Tracing.

```
?- length([1, 2], Length).

call      length([1, 2], Length)
call      length([1, 2], 0, Length)
call      _1412 is 0+1
exit      1 is 0+1
call      length([2], 1, Length)
call      _1642 is 1+1
exit      2 is 1+1
call      length([], 2, Length)
exit      length([], 2, 2)
exit      length([2], 1, 2)
exit      length([1, 2], 0, 2)
exit      length([1, 2], 2)

Length = 2
```

Das endrekursive Programm *length/2* ist effizienter als das ursprüngliche Programm *length/2*. Zudem kann es die Länge beliebig langer Listen berechnen, da es wegen der *tail recursion optimization* in konstantem Speicherplatz läuft.

Allgemein gilt, dass Variablen, die in einer prozeduralen Sprache in einer Schleife verändert würden, in Prolog als zusätzliche Akkumulator-Argumente eines rekursiven Prädikats auftauchen.

Als weiteres Beispiel das Prädikat *fast_reverse/2*, ein schneller Algorithmus, eine Liste umzukehren.

Das Prädikat *fast_reverse/2* wird durch Einführen eines Akkumulators in das Prädikat *fast_reverse/3* umgewandelt. Der Akkumulator ist am Anfang leer. Nach und nach werden alle Elemente der Eingangsliste in umgekehrter Reihenfolge im Akkumulator abgelegt. Ist die Eingangsliste abgearbeitet, dann unifiziert in der ersten Klausel von fast_reverse/3 der Akkumulator mit der Resultatsvariablen, die unverändert durch alle Rekursionsstufen mitgeführt wurde.

```
% fast_reverse(List, Tsil) :- Tsil is List reversed.
% fast_reverse/2 calls fast_reverse/3 with an
% additional accumulator argument in which
% the reversed list is built up.

fast_reverse(Xs, Ys) :-
     fast_reverse(Xs, [], Ys).

fast_reverse([], Accumulator, Accumulator).
fast_reverse([X | Xs], Accumulator, Ys) :-
     fast_reverse(Xs, [X | Accumulator], Ys).
```

Im Tracing sieht man, wie die umgekehrte Liste aufgebaut wird.

```
?- fast_reverse([1,2], Reversed).

call     fast_reverse([1, 2], Reversed)
call     fast_reverse([1, 2], [], Reversed)
call     fast_reverse([2], [1], Reversed)
call     fast_reverse([], [2, 1], Reversed)
exit     fast_reverse([], [2, 1], [2, 1])
exit     fast_reverse([2], [1], [2, 1])
exit     fast_reverse([1, 2], [], [2, 1])
exit     fast_reverse([1, 2], [2, 1])

Reversed = [2, 1]
```

4.3   Differenzlisten

4.3.1   Listen als Differenzen zweier Listen

Jede Liste kann als Differenz zweier Listen dargestellt werden, z.B. die
Liste *[1, 2, 3]* als Differenz der Listen *[1, 2, 3, 4, 5]* und *[4, 5]* oder als
Differenz der Listen *[1, 2, 3]* und *[]*.

Alle möglichen Differenzen für die Liste *[1, 2, 3]* sind Instanzen der
Differenz der Listen *[1, 2, 3 | Xs]* und *Xs*. Das kann man graphisch
darstellen.

```
                            [1,2,3|Xs]
  |-------------------------------------------------|

                                           Xs
                             |----------------------|

  |        [1,2,3]           |
  |-------------------------|-----------------------|
  |   [1,2,3|Xs]- Xs        |
```

Differenzlisten können als zwei Terme

        Head, Tail

oder als eine Struktur mit einem Infix-Operator

        Head - Tail

dargestellt werden. Unser Beispiel also als

        [1, 2, 3 | Xs], Xs

oder als

        [1, 2, 3 | Xs] - Xs

Da Prolog-Strukturen unifiziert und nicht evaluiert werden, ist die
Wahl des Operators beliebig, solange er konsistent verwendet wird.
Eine Struktur mit einem Operator ist lesbarer als zwei Terme, bringt

aber einen Effizienzverlust mit sich, da die Strukturen jedesmal aufgebaut werden müssen.

Listen können leicht in eine Differenzliste mit denselben Elementen umgewandelt werden.

    List ----> List - []

Die leere Liste wird als Differenzliste mit identischem Head und Tail dargestellt, z.B.

    [] ---> Xs - Xs

Warum ersetzt man überhaupt Listen durch die komplizierteren Differenzlisten?

Der Grund: Differenzlisten können uns helfen, Probleme, die mit normalen Listen grösseren Aufwand erfordern, auf einfachere und effizientere Weise zu lösen. Dazu gleich ein Beispiel.

4.3.2   Einfügen am Ende einer Liste

Ein Element E vorne in eine Liste L einzufügen, ist ausserordentlich einfach, wir erhalten als Resultat *[E | L]*. Wie können wir aber E hinten in L einfügen? Die Liste L wird durch die leere Liste *[]* abgeschlossen. Beim Einfügen von E müssten wir also die leere Liste *[]* durch die Liste *.(E, [])* ersetzen. Da wir keinen unmittelbaren Zugriff auf die abschliessende leere Liste haben, müssen uns rekursiv zu ihr 'vorarbeiten'.

Eine Lösung sieht so aus

```
% tail_insert(E, List, New_List) :- New_List is List concatenated
% with the element E.
tail_insert(E, [], [E]).
tail_insert(E, [Head | Tail], [Head | New_Tail]) :-
        tail_insert(E, Tail, New_Tail).
```

Ein Beispiel.

```
?- tail_insert(4, [1, 2, 3], New_List).
New_List=[1, 2, 3, 4]
```

Wir wollen das gleiche Problem nun mit einer Differenzliste lösen.
Die Lösung ist direkt der graphischen Darstellung zu entnehmen.

```
                              List
    |------------------------------------------------|

    |----------------|---|-------------------|
    | List-[E|Tail]  | E |       Tail        |
    |                |   |                   |
    |     List-Tail  |   |                   |
```

Die Differenzliste *List - [E|Tail]* konkateniert mit dem Element *E* ergibt
die Differenzliste *List - Tail*. Das kann man direkt in Prolog spezifizieren.

```
% tail_insert_dl(E, DList, New_DList) :- the difference list
% New_DList is the difference List DList concatenated with E.
tail_insert_dl(E, List - [E|Tail], List - Tail).
```

Das gleiche Beispiel noch einmal

```
?- tail_insert_dl(4, [1, 2, 3|Tail] - Tail, New_List).
Tail=[4|_1490], New_List=[1, 2, 3, 4|_1490] - _1490
```

Das Prädikat *tail_insert_dl/3* verwendet zur Verkettung eine einzige
Unifikation, braucht also konstante Zeit, während *tail_insert/3* Zeit
proportional zur Länge der ursprünglichen Liste benötigt.

4.3.3   Verketten von Differenzlisten

Auch die Verkettung zweier Differenzlisten kann man graphisch
darstellen.

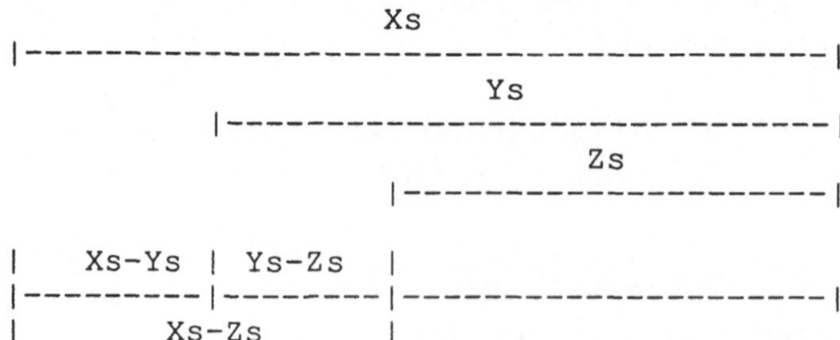

Dem Bild entnimmt man, dass die Verkettung der Differenzliste *Xs-Ys*
mit der Differenzliste *Ys-Zs* die Differenzliste *Xs-Zs* ergibt. Das lässt
sich leicht in Prolog ausdrücken

```
% append_dl(D1, D2, D3) :- the difference list D3 is the result of
% concatenating the difference lists D1 and D2 iff D1 and D2 are
% compatible, i.e. iff the tail of D1 unifies with the head of D2.
append_dl(Xs-Ys, Ys-Zs, Xs-Zs).
```

Die Verkettung zweier Differenzlisten wird durch ein einziges Prolog-
Fakt beschrieben, wird daher unabhängig von der Länge der Differenzlisten in konstanter Zeit ausgeführt. Das steht im Gegensatz zu
normalen Listen, bei denen die Zeit für die Verkettung proportional
zur Länge der ersten Liste ist.

4.3.4 Anwendungen von Differenzlisten

Umkehrung einer Liste

Für die Umkehrung einer Liste haben wir zwei Lösungen diskutiert,
naive_reverse/2 und *fast_reverse/2*. Nun eine weitere Lösung, die
Differenzlisten verwendet. Der Ausgangspunkt ist *naive_reverse/2*.

```
% naive_reverse(List, Tsil) :- Tsil is List reversed.
naive_reverse([], []).
naive_reverse([X | Xs], Ys) :-
        naive_reverse(Xs, Zs),
        append(Zs, [X], Ys).
```

Als erstes ersetzen wir die Lösungsliste durch eine Differenzliste.

```
reverse(Xs, Ys) :-
        dl_reverse(Xs, Ys-[]).
```

Dann führen wir diese Differenzliste in die beiden Klauseln von
naive reverse/2 ein.

```
naive_reverse([], []).              -> dl_reverse([], Xs-Xs).
naive_reverse([X | Xs], Ys) :-      -> dl_reverse([X | Xs], Ys-U1) :-
        naive_reverse(Xs, Zs),      ->        dl_reverse(Xs, U2-U3),
        append(Zs, [X], Ys).        ->        append_dl(U2-U3, [X | U4]-U4,
                                                  Ys-U1).
```

Das Ziel

    append_dl(U2-U3, [X|U4]-U4, Ys-U1)

gelingt nur, wenn

    U3 = [X|U4]

Das hat zur Folge, dass

    U2 = Ys
    U1 = U4

Also wird aus der rekursiven Klausel

    dl_reverse([X|Xs], Ys-U1) :-
         dl_reverse(Xs, Ys-[X|U1]),
         append_dl(Ys-[X|U1], [X|U1]-U1, Ys-U1).

Das Ziel *append_dl(...)* ist wahr, kann also fortgelassen werden und
wir erhalten schliesslich (*U1* wird durch *Zs* ersetzt)

    % reverse(List, Tsil) :- Tsil is List reversed.
    % dl_reverse uses difference lists with the infix operator '-'

    reverse(Xs, Ys) :-
         dl_reverse(Xs, Ys-[]).

    dl_reverse([], Xs-Xs).
    dl_reverse([X|Xs], Ys-Zs) :-
         dl_reverse(Xs, Ys-[X|Zs]).

Durch die sogenannte partielle Evaluation von *append_dl/3* ist
dl_reverse/2 einfacher und effizienter geworden. Die Methode,
Differenzlisten einzuführen und durch partielle Evaluation von
append_dl/3 effizientere Lösungen zu entwickeln, kann immer dann
verwendet werden, wenn Teillösungen unabhängig entwickelt und
zum Schluss durch *append/3* miteinander verknüpft werden.

Wir wollen nun die Zeiten vergleichen, die die verschiedenen
Lösungen brauchen, um eine Liste von 30 Integerzahlen hundertmal
umzukehren (LPA MacProlog 2.5 auf Macintosh II)

Methode	Zeit [s]	Faktor
naive_reverse	8.08	1
fast_reverse	0.58	14
dl_reverse	0.55	15

Wie man sieht, sind *fast_reverse/2* und *dl_reverse/2* gleich schnell. Tatsächlich kann man zeigen, dass es sich um die gleiche Lösung handelt, die auf verschiedenen Wegen gefunden wurde. Beide sind erheblich schneller als *naive_reverse/2*. Hinzu kommt, dass ihre Ausführungszeit linear von der Länge der umzukehrenden Liste abhängt, die von *naive_reverse/2* jedoch quadratisch.

Warteschlangen

Warteschlangen *(queues)* sind Datenstrukturen, bei denen Elemente hinten angefügt und vorne entfernt werden *(first in, first out)*.

Warteschlangen können als Differenzlisten Qh-Qt implementiert werden. Der Kopf Qh der Differenzliste ist das vordere Ende der Warteschlange, der Schwanz Qt das hintere Ende. Die Elemente der Differenzliste sind die Elemente der Warteschlange. Eine Warteschlange ohne Elemente wird durch die leere Differenzliste Qs-Qs dargestellt.

    empty_queue(Qs-Qs).

Nun werden Operationen *enqueue/3* bzw. *dequeue/3* definiert, mit denen wir Elemente in die Warteschlange einfügen bzw. entfernen.

Die Operation *enqueue/3* hatten wir schon als *tail_insert/3* definiert.

    tail_insert_dl(E, List-[E | Tail], List-Tail).

Nach entsprechender Umbenennung erhalten wir

    enqueue(Element, Qh-[Element | Qt], Qh-Qt).

Die Definition von *dequeue/3* ist trivial.

    dequeue(Element, [Element | Qh]-Qt, Qh-Qt).

Wir fügen konstante Elemente *one* und *two* in eine leere Warteschlange ein und entnehmen ihr anschliessend die variablen Elemente *E1* (= *one*) und *E2* (= *two*).

```
?- empty_queue(Q1),          % Q1 = Qs - Qs
   enqueue(one, Q1, Q2),     % Q2 = [one | Qs] - Qs
   enqueue(two, Q2, Q3),     % Q3 = [one, two | Qs] - Qs
   dequeue(E1, Q3, Q4),      % E1 = one, Q4 = [two | Qs] - Qs
   dequeue(E2, Q4, Q5).      % E2 = two, Q5 = Qs - Qs

Q1 = [one, two | Qs] - [one, two | Qs],
Q2 = [one, two | Qs] - [two | Qs],
Q3 = [one, two | Qs] - Qs, E1 = one,
Q4 = [two | Qs] - Qs, E2 = two,
Q5 = Qs - Qs
```

Was geschieht, wenn wir der Warteschlange mehr Elemente entnehmen, als sie enthält?

```
?- empty_queue(Q),           % Q = [Qh | Qt] - [Qh | Qt]
   dequeue(E1, Q, Q1).       % E1 = Qh, Q1= Qt - [Qh | Qt]

Q = [Qh | Qt] - [Qh | Qt], E1 = Qh, Q1 = Qt - [Qh | Qt]
```

Die Warteschlange enthält nun ein 'negatives' Element.

Eine andere Implementation mit einem Zähler verhindert 'negative' Elemente. Wir verwenden zum Zählen die Successor-Funktion $s(n)$, die isomorph zu den natürlichen Zahlen ist.

Successor	N
0	0
s(0)	1
s(s(0))	2
s(s(s(0)))	3
...	

Wir definieren die Operationen auf die Warteschlange neu, indem wir ein weiteres Argument einführen, das die Zahl der Elemente in der Warteschlange angibt.

```
empty_queue(q(0, X, X)).
```

dequeue(X, q(s(N), [X I Qh], Qt), q(N, Qh, Qt)).

enqueue(X, q(N, Qh, [X I Qt]), q(s(N), Qh, Qt)).

Ein Beispiel zeigt, wie die Operationen nun funktionieren.

```
?- empty_queue(Q),        % Q = q(0, Qs, Qs)
   enqueue(one, Q, Q1),   % Q1 = q(s(0), [one I Qs], Qs)
   enqueue(two, Q1, Q2),  % Q2 = q(s(s(0)), [one, two I Qs], Qs)
   dequeue(E, Q2, Q3).    % E = one, Q3 = q(s(0), [two I Qs], Qs)

Q = q(0, [one, two I Qs], [one, two I Qs]),
Q1 = q(s(0), [one, two I Qs], [two I Qs]),
Q2 = q(s(s(0)), [one, two I Qs], Qs), E = one,
Q3 = q(s(0), [two I Qs], Qs)
```

Der Versuch, einer leeren Warteschlange Elemente zu entnehmen,
scheitert nun.

```
?- empty_queue(Q), dequeue(E, Q, Q1).
No
```

5 Logik zur Wissensrepräsentation

Eine Familie wurde bisher in der Form von Relationen

```
father(walter, mary).
mother(anne, mary).
...
```

dargestellt. Das ist sicherlich nicht die einzige Möglichkeit, eine Familie zu beschreiben.

Wissensrepräsentation handelt davon, wie man Wissen über ein interessierendes Gebiet darstellt. Wir werden uns im folgenden auf deklarative Wissensrepräsentationen beschränken.

Eine Wissensrepräsentation besteht aus

> einer Konzeptualisierung, der Art und Weise, wie das betreffende Gebiet betrachtet wird, und

> einer (formalen) Sprache zur Darstellung des Wissens

Die Konzeptualisierung ist oft in der Darstellung des Wissens implizit enthalten.

5.1 Konzeptualisierungen

Eine sehr erfolgreiche Konzeptualisierung besteht darin, den Anwendungsbereich als eine Menge von Objekten zu betrachten, die untereinander in Beziehung stehen.

Diese Objekte können konkret (Tisch) oder abstrakt (Liebe) sein, einfach (Staubkorn) oder zusammengesetzt (Fussballmannschaft), existent (dieses Blatt Papier) oder nichtexistent (Einhörner), es können endlich viele (die Einwohner von Zürich) oder unendlich viele Objekte (die ganzen Zahlen) auftauchen. Kurz, ein Objekt kann irgendetwas aus dem uns interessierenden Gebiet sein, über das wir etwas sagen wollen.

Oft betrachten wir nur eine Teilmenge aller Objekte als relevant für eine Konzeptualisierung. Diese Teilmenge ist die Welt, über die wir Aussagen machen *(universe of discourse)*. Ein Beispiel für ein *universe of discourse* sind die Mitglieder einer Familie als Teilmenge aller Menschen. Genauso wählen wir aus der grossen Menge von Beziehungen, die zwischen den Objekten unseres Weltausschnittes bestehen können, meistens nur einige aus, an denen wir interessiert sind.

5.1.1   Russische Puppen

Als Beispiel für eine Konzeptualisierung wollen wir russische Puppen verwenden. Diese Puppen bestehen aus bemaltem Holz und sind hohl. Öffnet man eine Puppe, findet man im Innern eine weitere, etwas kleinere Puppe, in der sich wiederum eine weitere, noch etwas kleinere befindet. Die innerste Puppe ist massiv.

Da wir im wesentlichen an der Schachtelung der Puppen interessiert sind, stellen wir sie vereinfacht als Rechtecke dar.

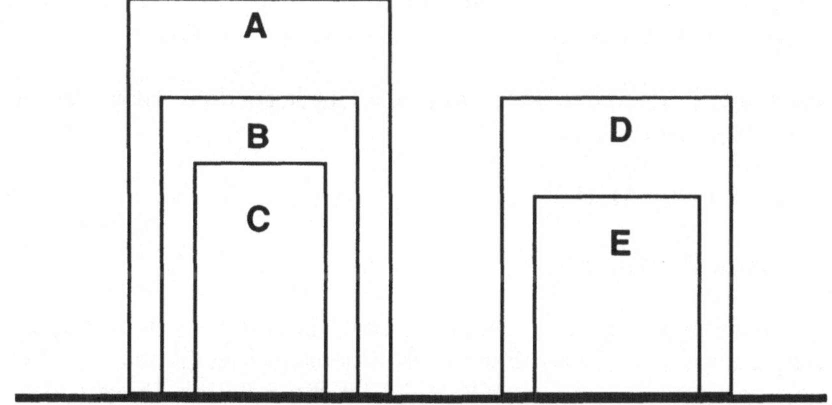

Unser *universe of discourse* besteht aus zwei Puppen, die eine bzw. zwei weitere Puppen enthalten. Wir bezeichnen die Puppen durch A, B, C, D, E. Unser *universe of discourse* ist also

{A, B, C, D, E}

Eine Konzeptualisierung umfasst neben Objekten auch Beziehungen zwischen den Objekten. Diese Beziehungen sind

Relationen zwischen Objekten, die bestehen können oder nicht, die wahr sind oder falsch, und

Funktionen, die Objekte auf Objekte abbilden.

Abhängig von unserer Sicht auf den Anwendungsbereich, verwenden wir nur einige Relationen und Funktionen und ignorieren andere.

Für unsere Puppenwelt gibt es viele denkbare Relationen, z.B. die Relation *In*, die zutrifft, wenn eine Puppe direkt in einer anderen enthalten ist. Wir schreiben eine Relation als eine Menge von Tupeln, wobei jedes Tupel geordnet ist und aus den Objekten besteht, für die die Relation gilt.

In: {(A, B), (B, C), (D, E)}

Die Relation *Contains* besagt, dass eine Puppe irgendwo innerhalb einer anderen enthalten ist.

Contains: {(A, B), (A, C), (B, C), (D, E)}

Die Menge *Contains* enthält die Menge *In* als Teilmenge, die Relation *Contains* ist also genereller als *In*.

Die Relation *Outermost* bzw. *Innermost* besagt, dass eine Puppe die äusserste bzw. innerste ist.

Outermost: {(A), (D)}

Innermost: {(C), (E)}

Die Relationen *Outermost* und *Innermost* beziehen sich nur auf eine einzelne Puppe, sie stellen eigentlich Eigenschaften (Attribute, Typen) von Puppen dar. Ein weiteres Beispiel ist die Relation *Puppet*, die gilt, wenn das betreffende Objekt eine Puppe ist.

Puppet: {(A), (B), (C), (D), (E)}

Funktionen bilden Objekte auf Objekte ab. Funktionen, die nicht für alle Elemente des *universe of discourse* definiert sind, werden partiell genannt. Wir schreiben Funktionen - ähnlich wie Relationen - als Mengen von Tupeln, z.B. die partielle Funktion *Next_Smaller*, die eine Puppe auf diejenige abbildet, die unmittelbar in ihr enthalten ist.

Next_Smaller: {(A, B), (B, C), (D, E)}

Es ist interessant zu sehen, dass in dieser Schreibweise zwischen Relationen und Funktionen kein Unterschied besteht. Tatsächlich können wir die Funktion *Next_Smaller* auch als Relation lesen. Wir werden später sehen, dass wir formal jede Funktion als Relation schreiben können; umgekehrt gilt das nicht allgemein.

Eine Konzeptualisierung besteht aus dem *universe of discourse*, der Menge der betrachteten Relationen und der Menge der betrachteten Funktionen. Also in unserem Fall aus

{{A, B, C, D, E}, {In, Contains, Outermost, Innermost, Puppet}, {Next_Smaller}}.

5.1.2 Welche Konzeptualisierung?

Für jedes Gebiet gibt es mehrere Konzeptualisierungen. Atome werden in der Physik als unteilbare oder als zusammengesetzte Partikel betrachtet, Elektronen als Welle, als Teilchen oder als quantenmechanische Grösse.

Welche Konzeptualisierung wir wählen, hängt vom zu beschreibenden Gebiet ab, und auch davon, was wir mit der Wissensrepräsentation anfangen wollen. Es gibt elegante und effiziente Konzeptualisierungen, z.B. die arabischen Zahlen, aber auch weniger elegante und effiziente, wie die römischen Zahlen. Keine Konzeptualisierung kann für sich in Anspruch nehmen, die einzig richtige zu sein. Erfahrung zeigt jedoch, welche Konzeptualisierung für ein bestimmtes Anwendungsgebiet gut geeignet ist.

Konzeptualisierungen haben sehr grosse Ähnlichkeit mit wissenschaftlichen Theorien. In den Wissenschaften hat sich gezeigt, dass Theorien, die auf einer kleinen Zahl von Annahmen, Prinzipien, Axiomen aufbauen, nicht nur eleganter sind, sondern oft auch mehr Phänomene erklären und voraussagen können. Wissenschaftliche

Theorien werden durch Experimente bestätigt oder widerlegt, bei der Konzeptualisierung von Wissen müssen wir andere Kriterien, z.B. die Effizienz oder die Einfachheit der Darstellung, verwenden.

Eine anderer Aspekt der Konzeptualisierung ist das Niveau der Beschreibung, die Granularität. Unsere Puppen als Mengen von Atomen oder Molekülen zu beschreiben, ist sicherlich nicht sinnvoll, wenn wir nur an ihren räumlichen Beziehungen interessiert sind. Genausowenig wäre es für unsere Zwecke sinnvoll, komplette russische Puppen als Objekte zu wählen.

Oft ist es nützlich, auch Relationen oder Funktionen als Objekte des *universe of discourse* zu betrachten, man spricht dann von Reifikation. Wir definieren z.B. die Relationen *Outermost* und *Innermost* als Objekte. Damit können wir über Eigenschaften von Eigenschaften sprechen. Wir können z.B. die Relation *Visible* definieren, die besagt, dass das Objekt *Outermost* sichtbar ist.

> Visible: {(Outermost)}

Unsere neue Konzeptualisierung sieht dann folgendermassen aus

> {{A, B, C, D, E, Outermost, Innermost}, {In, Contains, Puppet, Visible}, {Next_Smaller}}.

5.2   Prädikatenlogik

Eine Wissensrepräsentation besteht neben der Konzeptualisierung aus einer formalen Sprache, in der Wissen dargestellt werden kann. Prädikatenlogik enthält eine derartige formale Sprache.

5.2.1   Wissensdarstellung durch Prädikatenlogik

Die elementaren Sprachelemente der Prädikatenlogik sind atomare Sätze, die man aus Termen (Subjekte, Objekte) und aus Prädikaten (Verben, Relationen) bildet, und denen man die Wahrheitswerte wahr und falsch zuordnet. So wird der unter Logikern oft verwendete Satz 'Sokrates ist ein Mensch' in Prädikatenlogik

> mensch(sokrates)

geschrieben. Das Prädikat *mensch* steht dabei für 'ist ein Mensch', d.h. für das, was auch in der Grammatik Prädikat heisst. Der Term *sokrates* steht für das Individuum Sokrates, d.h. für das, was in der Grammatik Subjekt oder Objekt heisst.

Wir wollen die Puppenwelt in Prädikatenlogik darstellen. Dabei werden Objekte und Funktionen zu Termen, Relationen zu Prädikaten. Wir müssen zwischen den (grossgeschriebenen) Elementen der Konzeptualisierung (*A, Outermost*) und den kleingeschriebenen Elementen der formalen Sprache Prädikatenlogik (*a, outermost*) unterscheiden. Wir drücken die Tatsache, dass die Puppe *B* sich in der Puppe *A* befindet durch

in(a,b)

aus. Oder die Tatsache, dass die äusserste Puppe sichtbar ist, durch

visible(outermost)

Auf diese Weise können wir alle Elemente unserer Konzeptualisierung formal in Prädikatenlogik darstellen.

Die Sprache der Prädikatenlogik ist flexibel und mächtig, denn wir können durch die Verknüpfung einfacher Sätze kompliziertere bilden, ohne dabei in jedem Fall die Wahrheitswerte der einfachen Sätze zu kennen. Die Wahrheitswerte der zusammengesetzen Sätze hängen im allgemeinen von den Wahrheitswerten der verknüpften Sätze ab. Wir können z.B. ausdrücken, dass A sich innerhalb von B befindet, oder B innerhalb von A, ohne zu wissen, was nun tatsächlich der Fall ist.

contains(a, b) ∨ contains(b, a)

Prädikatenlogik ist geeignet, unvollständige Information auf konstruktive Weise darzustellen.

Diese Fähigkeit wird noch durch Variablen und Quantoren verstärkt. Der universelle Quantor ∀ erlaubt es, Aussagen über alle Objekte des *universe of discourse* zu machen, ohne die Objekte explizit aufzuzählen, z.B.

∀ X: ∀ Y: (in(X, Y) -> contains(X, Y))

Für alle Objekte gilt, dass die Relation *in* die Relation *contains* impliziert.

Mit Hilfe des existentiellen Quantors ∃ können wir die Existenz von Objekten postulieren, ohne dass wir diese Objekte identifizieren müssen, z.B.

$$\exists\ X:\ puppet(X) \wedge outermost(X)$$

Es gibt eine äusserste Puppe.

5.2.2   Syntax der Prädikatenlogik

In der Prädikatenlogik gibt es Terme, die für Objekte des *universe of discourse* stehen, und Prädikate, die für die Relationen der Objekte stehen. Terme sind

    Konstante

    Variablen

    zusammengesetzte Terme

Konstante benennen spezifische Objekte. Wir stellen sie als eine Folge von alphanumerischen Zeichen dar, die mit einem kleinen Buchstaben beginnt, oder als eine Zahl

    puppet_a   mary   122

Variablen bezeichnen unspezifizierte Objekte. Wir stellen Variablen als eine Folge von alphanumerischen Zeichen dar, die mit einem grossen Buchstaben beginnt.

    X   Who   Outermost

Ein zusammengesetzter Term hat die Form

    f(t1,....,tn)

Dabei ist *f* eine Funktionskonstante und die Argumente *ti* sind Terme. Wir schreiben Funktionskonstante als Folge von alphanumerischen Zeichen, die mit einem kleinen Buchstaben beginnt, oder als funktionalen Operator wie +, -, *. Mit der Funktionskonstanten ist die Zahl ihrer Argumente, die Arität, fest verbunden. Funktionskonstanten mit verschiedenen Aritäten stellen verschiedene Funktionen dar. Beispiele für zusammengesetzte Terme sind

next_smaller(a)   next_smaller(next_smaller(a))   *(2, 3)

Für funktionale Operatoren wird auch die Infix-Schreibweise

2*3

verwendet.

Eine Prädikatskonstante benennt eine Relation zwischen Objekten des *universe of discourse*. Wir schreiben Prädikatskonstante als eine Folge von alphanumerischen Zeichen, die mit einem kleinen Buchstaben beginnt, oder als relationalen Operator wie >, $\leq$, =. Mit jeder Prädikatskonstanten ist eine Arität verbunden. Auch für Prädikatsoperatoren können wir die Infix-Schreibweise verwenden.

contains(a, b) $2 \leq 3$

Aussagen der Prädikatenlogik werden Sätze genannt *(well-formed formula)*. Sätze sind

atomar

zusammengesetzt

quantifiziert

Ein atomarer Satz (Atom) besteht aus einer Prädikatskonstanten p mit der Arität n, gefolgt von n Termen als Argumenten, oder aus einem relationalen Operator in Infix-Schreibweise mit den entsprechenden Argumenten.

contains(X,a) $X \leq 4$

Jede Funktionskonstante der Arität n kann als Prädikatskonstante der Arität $n+1$ geschrieben werden, indem man den Funktionswert als zusätzliches Argument einfügt.

next_smaller(a) = b   ----->   next_smaller(a, b)

Logische Operatoren verbinden atomare Sätze zu zusammengesetzten Sätzen.

Die Negation eines Satzes wird durch ¬ ausgedrückt. Der Satz

 ¬ s

ist genau dann wahr, wenn *s* nicht wahr ist.

Eine Konjunktion

 s1 ∧ s2 ∧ s3

besteht aus einer Menge von Sätzen *si*, die durch den logischen Operator ∧ verbunden sind. Eine Konjunktion ist genau dann wahr, wenn jedes ihrer Elemente *si* wahr ist.

Der Operator ∧ deckt sich nicht in jedem Fall mit dem Sprachgebrauch von 'und'. Die beiden Sätze 'Ich ging ins Bett' ∧ 'Ich schlief ein' und 'Ich schlief ein' ∧ 'Ich ging ins Bett' sind logisch identisch, nicht jedoch die Sätze 'Ich ging ins Bett und ich schlief ein' und 'Ich schlief ein und ich ging ins Bett'.

Eine Disjunktion

 s1 ∨ s2 ∨ s3

besteht aus einer Menge von Sätzen *si*, die durch den logischen Operator ∨ verbunden sind. Eine Disjunktion ist genau dann wahr, wenn wenigstens eines ihrer Elemente *si* wahr ist.

Auch die Disjunktion ∨ unterscheidet sich vom 'oder' der normalen Sprache. Dieses wird meistens exklusiv verstanden 'Er kommt (entweder) heute oder morgen', während die Disjunktion zweier Sätze wahr ist, wenn einer wahr ist oder beide wahr sind.

Die Implikation

 Voraussetzung -> Konsequenz

ist wahr, wenn Voraussetzung und Konsequenz wahr sind. Definitionsgemäss ist die Implikation auch dann wahr, wenn die Voraussetzung falsch ist *(ex falso omnium sequitur)*.

Damit stimmt die Implikation auch nicht in jedem Fall mit dem umgangssprachlichen Gebrauch von 'wenn, dann' überein.

Die Äquivalenz

   s1 <-> s2

ist wahr, wenn die Sätze *s1* und *s2* den gleichen Wahrheitswert haben.

Quantifizierte Sätze entstehen aus der Kombination eines Quantors mit einem einfacheren Satz.

Der universell quantifizierte Satz

   ∀ X: s(X)

besagt, dass der Satz *s* wahr ist, egal welches Objekt aus dem *universe of discourse* die Variable *X* bezeichnet, z.B.

   ∀ X: (outermost(X) -> puppet(X))

Der existentiell quantifizierte Satz

   ∃ X: s(X)

bedeutet, dass der Satz *s* für mindestens ein Objekt aus dem *universe of discourse* wahr ist, z.B.

   ∃ X: (outermost(X) ∧ puppet(X))

Auch quantifizierte Sätze können miteinander kombiniert werden. Bei der Schachtelung ist die Reihenfolge der Quantoren sehr wichtig. Um ein berühmtes Beispiel zu zitieren:

   ∀ X: ∃ Y: loves(X, Y)

   ∃ Y: ∀ X: loves(X, Y)

Der erste Satz besagt, dass alle Personen eine Person haben, die sie lieben, wobei offengelassen wird, ob es sich immer um die gleiche Person handelt. Der zweite Satz sagt, dass es eine Person gibt, die von allen geliebt wird.

Für Quantoren ist ein Gültigkeitsbereich *(scope)* definiert. Der Gültigkeitsbereich von $\forall X: s$, beziehungsweise von $\exists X: s$, ist der unmittelbar folgende Satz s. Eine Variable, die im Gültigkeitsbereich eines Quantors auftaucht, wird gebunden *(bound)* genannt; andernfalls heisst sie frei *(free)*. Ein Satz ohne freie Variablen heisst geschlossen *(closed)*, ein Satz ohne Variablen heisst variablenfrei ().

Wenn s ein Satz ist, dann bedeutet

$$\forall (s)$$

die sogenannte universelle Hülle *(universal closure)* von s, d.h. den geschlossenen Satz, den man erhält, wenn man für jede freie Variable von s einen universellen Quantor einführt.

Ähnlich bedeutet

$$\exists (s)$$

die existentielle Hülle *(existential closure)* von s, d.h. den geschlossenen Satz, der durch Hinzufügen von existentiellen Quantoren für jede freie Variable von s entsteht.

5.3   Deklarative Semantik

Damit wir über den Wahrheitsgehalt eines logischen Satzes sprechen können, müssen wir ihm erst einmal eine Bedeutung geben. Die Bedeutung der Konnektoren und der Quantoren ist vorgegeben, jedoch nicht die Bedeutung der Objektkonstanten, Funktionskonstanten, Prädikatskonstanten und Variablen. Wir müssen ihnen eine Bedeutung zuweisen, sie interpretieren.

Informell gesprochen, gehen wir so vor: Wir wählen eine Konzeptualisierung eines Ausschnittes der Welt - z.B. unsere Puppenwelt - und eine Menge von Sätzen der Prädikatenlogik. Wir assoziieren die Symbole der logischen Sätze mit Objekten, Relationen und Funktionen der Konzeptualisierung, d.h. wir geben den logischen

Symbolen eine Bedeutung. Anschliessend weisen wir den logischen Sätzen Wahrheitswerte zu, indem wir sagen, dass ein Satz genau dann wahr ist, wenn er die Welt unserer Konzeptualisierung beschreibt, andernfalls ist er falsch. Die Interpretationen, die einen Satz wahr machen, nennen wir ein Modell dieses Satzes. Oft haben wir eine ganz bestimmte Interpretation im Sinn, die als beabsichtigte Interpretation *(intended interpretation)* bezeichnet wird.

5.3.1   Interpretationen

Interpretation von Objekten, Funktionen und Prädikaten

Eine Interpretation I ist eine Abbildung von Elementen der Sprache Prädikatenlogik auf Elemente einer Konzeptualisierung. Mit U bezeichnen wir das *universe of discourse*.

I(Objektkonstante) $\in$ U

I(Funktionskonstante mit Arität n): U^n -> U

I(Prädikatskonstante mit Arität n) $\subseteq U^n$

Weder I noch U sind Elemente der Sprache der Prädikatenlogik oder der Konzeptualisierung. Es handelt sich um Symbole einer Metasprache, in der wir über Prädikatenlogik und über Konzeptualisierungen sprechen.

Als Beispiel zwei Interpretationen unserer Puppenwelt. In der Prädikatenlogik verwenden wir die Objektkonstanten *a, b, c, d* und *e,* die Prädikatskonstanten *in, contains, outermost, innermost* und die Funktionskonstante *next_smaller.* Wir schreiben die Funktion *next_smaller* als Relation.

Die folgende Interpretation $I1$ wird durch die Namen der Konstanten nahegelegt, es ist die von uns beabsichtigte Interpretation.

I1(a) = A

I1(b) = B

I1(c) = C

I1(d) = D

I1(e) = E

I1(in) = In: {(A, B), (B, C), (D, E)}

I1(contains) = Contains: {(A, B), (A, C), (B, C), (D, E)}

I1(outermost) = Outermost: {(A), (D)}

I1(innermost) = Innermost: {(C), (E)}

I1(next_smaller) = Next_Smaller: {(A, B), (B, C), (D, E)}

Aber auch andere Interpretationen sind möglich, z.B. die Interpretation *I2*, die sich von *I1* durch eine andere Interpretation der Objektkonstanten *a* und *b* unterscheidet.

I2(a) = B

I2(b) = A

I2(c) = C

I2(d) = D

I2(e) = E

I2(in) = In: {(A, B), (B, C), (D, E)}

I2(contains) = Contains: {(A, B), (A, C), (B, C), (D, E)}

I2(outermost) = Outermost: {(A), (D)}

I2(innermost) = Innermost: {(C), (E)}

I2(next_smaller) = Next_Smaller: {(A, B), (B, C), (D, E)}

Variablenzuordnungen

Die Variablen der Sprache der Prädikatenlogik werden durch die Variablenzuordnung *V* den Objekten der gegebenen Konzeptualisierung zugeordnet. Für die Variablen X, Y, Z gelte beispielsweise die Zuordnung $V1$

$$V1(X) = A$$

$$V1(Y) = A$$

$$V1(Z) = B$$

Termabbildungen

Mit Hilfe der Interpretation I und der Variablenzuordnung V definieren wir die Termabbildung $I \bullet V$, die Terme auf Elemente der Konzeptualisierung abbildet. Für jedes nichtvariable Element wird I verwendet, für Variablen dagegen V. Die Termabbildung $I \bullet V$ ist formal definiert durch

$$I \bullet V(\text{Objektkonstante}) = I(\text{Objektkonstante})$$

$$I \bullet V(\text{Variable}) = V(\text{Variable})$$

$$I \bullet V(f(t1, ...,tn)) = F(T1, ..., Tn), \text{ wobei } I(f) = F \text{ und } I \bullet V(ti) = Ti$$

Mit der Interpretation $I1$ und der Variablenzuordnung $V1$ gilt z.B.

$$I1 \bullet V1(\text{next\_smaller}(a)) = \text{Next\_Smaller}(A) \equiv B$$

$$I1 \bullet V1(\text{next\_smaller}(Z)) = \text{Next\_Smaller}(B) \equiv C$$

5.3.2   Relative Wahrheit

Wenn ein logischer Satz die Welt unserer Konzeptualisierung beschreibt, wollen wir ihn als wahr bezeichnen, andernfalls als falsch. Ob ein Satz jedoch die Welt der Konzeptualisierung korrekt beschreibt, hängt von der gewählten Interpretation und der gewählten Variablenzuordnung ab. Wir sprechen davon, dass ein Satz s durch eine Interpretation I und eine Variablenzuordnung V erfüllt wird *(satisfied)* und schreiben formal

$$\models_I s\,[V]$$

Gegeben seien ein atomarer Satz *r(t1, ..., tn)*, ferner eine Interpretation *I* und eine Variablenzuordnung *V*.

Das Tupel *(I•V(t1), ..., I•V(tn))* besteht aus den Objekten, die durch die Argumente *ti* des Satzes bezeichnet werden. Die Interpretation *I* und die Variablenzuordnung *V* erfüllen den atomaren Satz *r(t1, ..., tn)* genau dann, wenn das Tupel *(I•V(t1), ..., I•V(tn))* ein Element der Relation ist, die durch die Prädikatskonstante *r* des Satzes bezeichnet wird.

$$\models_I r(t1, ..., tn)\ [V] \text{ genau dann, wenn } (I \bullet V(t1), ..., I \bullet V(tn)) \in I(r)$$

Zwei Beispiele. Es gilt

$$\models_{I1} in(a, b)\ [V1], \text{ denn } (A, B) \in In: \{(A, B), (B, C), (D, E)\}$$

Der atomare Satz *in(a, b)* ist in der Interpretation *I1* und der - in diesem Fall irrelevanten - Variablenzuordnung *V1* wahr. Aber es gilt

$$\not\models_{I2} in(a, b)\ [V1], \text{ denn } (B, A) \notin In: \{(A, B), (B, C), (D, E)\}$$

Der atomare Satz *in(a, b)* ist in der Interpretation *I2* und der - in diesem Fall irrelevanten - Variablenzuordnung *V1* falsch.

In Abhängigkeit von der Interpretation kann der gleiche Satz wahr oder falsch sein, der Begriff Erfüllung hängt von der Interpretation ab, die Wahrheit eines Satzes wird relativ.

Nach den atomaren Sätzen können wir nun feststellen, wann ein zusammengesetzter oder ein quantifizierter Satz erfüllt wird. Die folgenden Aussagen definieren eigentlich die logischen Operatoren.

Die Negation eines Satzes ist genau dann erfüllt *(|=)*, wenn der Satz nicht erfüllt ist *(|≠)*.

$$\models_I (\neg s)\ [V] \text{ genau dann, wenn } \not\models_I (s)\ [V]$$

Eine Konjunktion wird genau dann erfüllt, wenn jedes Konjunkt erfüllt wird.

$$\models_I (s1 \land ... \land sn)\ [V] \text{ genau dann, wenn } \models_I (si)\ [V]\ , \text{ alle } i=1, ..., n$$

Eine Disjunktion wird genau dann erfüllt, wenn wenigstens ein Disjunkt erfüllt wird.

$\models_I$ (s1 ∨ ... ∨ sn) [V] genau dann, wenn $\models_I$ (si) [V] , einige i, 1 ≤ i ≤ n

Eine Implikation wird genau dann erfüllt, wenn die Voraussetzung nicht erfüllt oder die Konsequenz erfüllt wird.

$\models_I$ (s1 -> s2) [V] genau dann, wenn $\not\models_I$ (s1) [V] oder $\models_I$ (s2) [V]

Eine Äquivalenz wird genau dann erfüllt, wenn die beiden zugrundeliegenden Implikationen erfüllt werden.

$\models_I$ (s1 <-> s2) [V] genau dann, wenn $\models_I$ (s1 -> s2) [V] und
$\models_I$ (s2 -> s1) [V]

Ein universell quantifizierter Satz ist genau dann erfüllt, wenn der eingeschlossene Satz für alle Zuordnungen der quantifizierten Variablen erfüllt ist.

$\models_I$ (∀ X: s) [V] genau dann, wenn für alle D ∈ U gilt $\models_I$ (s) [V1] mit V1(X) = D und V1(Y) = V(Y) für alle in s auftauchenden Variablen Y, die von X verschieden sind.

Ein existentiell quantifizierter Satz ist genau dann erfüllt, wenn der eingeschlossene Satz für wenigstens eine Zuordnung der quantifizierten Variablen erfüllt ist.

$\models_I$ (∃ X: s) [V] genau dann, wenn für ein D ∈ U gilt $\models_I$ (s) [V1] mit V1(X) = D und V1(Y) = V(Y) für alle in s auftauchenden Variablen Y, die von X verschieden sind.

5.3.3   Modelle

Eine Interpretation *I*, die einen Satz *s* für alle Variablenzuordnungen erfüllt, nennen wir ein Modell von *s*.

$\models_I s$

Die Interpretation *I1* ist ein Modell des Satzes

    in(X, Y) -> contains(X, Y)

Jede Variablenzuordnung, die die Voraussetzung *in* erfüllt, wird auch *contains* erfüllen, denn die Tupelmenge der Relation *In* ist eine Teilmenge der Tupelmenge der Relation *Contains*. Damit ist die Implikation erfüllt. Andere Variablenzuordnungen, die die Voraussetzung *in* nicht erfüllen, erfüllen die Implikation definitionsgemäss auch. Damit ist die Implikation in der Interpretation *I1* für jede Variablenzuordnung erfüllt: *I1* ist ein Modell für sie.

Für einen Satz ohne freie Variablen, d.h. für einen geschlossenen oder variablenfreien Satz, gilt, dass die Variablenzuordnung nicht entscheidend für die Befriedigung des Satzes ist. Damit ist jede Interpretation, die einen Satz ohne freie Variablen für eine Variablenzuordnung erfüllt, ein Modell dieses Satzes, z.B. *I1* für den variablenfreien Satz

    contains(a, b) ∨ contains(b, a)

und den geschlossenen Satz

    ∀ X: ∀ Y: in(X, Y) -> contains(X, Y)

5.3.4   Erfüllbarkeit und Gültigkeit

Ein Satz ist erfüllbar *(satisfiable)*, wenn es eine Interpretation und eine Variablenzuordnung gibt, die ihn wahr macht. Der Satz

    in(X, Y)

ist erfüllbar. Der Satz

    in(X, X)

kann dagegen nicht erfüllt werden.

Ein Satz ist gültig *(valid)*, wenn er für jede Interpretation und jede Variablenzuordnung wahr ist. Der Satz

    in(X, Y) ∨ ¬ in(X, Y)

ist gültig, denn jede Interpretation erfüllt *in(X, Y)* oder ¬ *in(X,Y)*.

Gültige Sätze werden auch Tautologien genannt. Tautologien sind allein durch ihre logische Form wahr; damit sind sie unabhängig von Interpretationen und allgemein gültig.

Die definierten Begriffe können leicht auf Mengen von Sätzen übertragen werden.

Eine Menge M von Sätzen ist durch eine Interpretation I und eine Variablenzuordnung V erfüllt, wenn jeder einzelne Satz der Menge M durch I und V erfüllt wird.

$$|=_I M\,[V]$$

Andernfalls ist M nicht zu erfüllen oder inkonsistent.

Eine Interpretation I, die eine Menge M von Sätzen für alle Variablenzuordnungen erfüllt, nennen wir ein Modell von M.

$$|=_I M$$

Eine Menge von Sätzen ist gültig, wenn jeder einzelne Satz gültig ist.

5.3.5   Sokrates als sterblicher Mensch

Das *universe of discourse* bestehe aus dem Objekt

{Sokrates}

Es sind zwei Relationen definiert

Ist_Mensch: {(Sokrates)}

Ist_sterblich: {(Sokrates)}

Die Konzeptualisierung des Anwendungsbereichs *Sokrates als sterblicher Mensch* ist also

{{Sokrates}, {Ist_Mensch, Ist_sterblich}, {}}.

Um unser Wissen über den Anwendungsbereich formal in Prädikatenlogik darzustellen, führen wir die Objektkonstante sokrates

und die Prädikatskonstanten

    mensch

    sterblich

ein, ausserdem die Variable X.

Wir sind nun in der Lage, Sätze der Prädikatenlogik zu schreiben, um das deklarative Wissen über den Anwendungsbereich darzustellen.

    mensch(sokrates)

    $\forall$ X: mensch(X) -> sterblich(X)

Durch die Interpretation *I*

    I(sokrates) = Sokrates

    I(mensch) = {(Sokrates)}

    I(sterblich) = {(Sokrates)}

und die Variablenzuordnung *V*

    V(X) = Sokrates

werden die Elemente der Prädikatenlogik auf die Elemente der Konzeptualisierung abgebildet.

Sind die beiden Sätze

    mensch(sokrates)

    $\forall$ X: mensch(X) -> sterblich(X)

wahr? Werden sie durch *I* und *V* erfüllt?

Überprüfen wir den atomaren Satz *mensch(sokrates)*. Es gilt

    $\models_I$ r(t1, ..., tn) [V] genau dann, wenn $(I \bullet V(t1), ..., I \bullet V(tn)) \in I(r)$

Mit $r = mensch$ und $t1 = sokrates$ erhalten wir

    I•V(sokrates) = I(sokrates) = Sokrates
    I(mensch) = {(Sokrates)}

Also

    I•V(sokrates) ∈ I(mensch)
Somit gilt

    |= $_I$ mensch(sokrates) [V]

Nun der Satz ∀ X: $mensch(X)$ -> $sterblich(X)$.

Ein universell quantifizierter Satz ist genau dann erfüllt, wenn der eingeschlossene Satz für alle Zuordnungen zur quantifizierten Variablen erfüllt ist.

Ist der eingeschlossene Satz

    mensch(X) -> sterblich(X)

für alle Variablenzuordnungen erfüllt?

Eine Implikation wird genau dann erfüllt, wenn die Voraussetzung nicht erfüllt oder die Konsequenz erfüllt wird. Betrachten wir die Konsequenz

    |= $_I$ sterblich(X) [V]

Ähnlich wie oben erhalten wir mit $r = sterblich$ und $t1 = X$

    I•V(X) = V(X) = Sokrates

    I(sterblich) = {(Sokrates)}

Also

    I•V(X) ∈ I(sterblich)

Somit ist die Konsequenz der Implikation erfüllt und damit die Implikation

$$|=_I (\text{mensch}(X) \rightarrow \text{sterblich}(X))\ [V]$$

und zwar für alle möglichen Variablenzuordnungen und somit

$$|=_I \forall X: (\text{mensch}(X) \rightarrow \text{sterblich}(X))\ [V]$$

Die beiden Sätze werden durch *I* und *V* erfüllt, sind in diesem Sinne wahr. Aber es gilt noch mehr. Beide Sätze haben keine freien Variablen; der eine ist variablenfrei, der andere geschlossen. Die Interpretation *I* ist daher ein Modell der beiden Sätze, da sie diese für alle Variablenzuordnungen erfüllt.

5.3.6   Logische Konsequenz

Aus den Prämissen

    mensch(sokrates)   (Sokrates ist ein Mensch.)
    $\forall$ X: mensch(X) -> sterblich(X)   (Alle Menschen sind sterblich.)

die Konklusion

    sterblich(sokrates)   (Sokrates ist sterblich.)

zu folgern, scheint vollkommen logisch zu sein, und zwar unabhängig von der Interpretation von *sokrates, mensch* und *sterblich*. Wir sagen, dass die Konklusion *sterblich(sokrates)* eine logische Konsequenz oder logische Implikation der beiden Prämissen ist und schreiben

    {mensch(sokrates), $\forall$ X: mensch(X) -> sterblich(X)}
    |= sterblich(sokrates)

d.h.

    sterblich(sokrates)

ist wahr in allen Interpretationen und Variablenzuordnungen, in denen

    {mensch(sokrates), $\forall$ X: mensch(X) -> sterblich(X)}

wahr sind, z.B. auch in der Interpretation J mit den natürlichen Zahlen als *universe of discourse*.

J(sokrates) = 8

J(mensch) = Vielfaches_von_4: {0, 4, 8, 12, ... }

J(sterblich) = Geradzahlig: {0, 2, 4, ...}

Formal sagen wir, dass ein Satz s genau dann die logische Konsequenz einer Menge M von Sätzen ist, wenn jede Interpretation und jede Variablenzuordnung, die M erfüllen, auch s erfüllen.

$M \models s$ genau dann, wenn $\models_I M [V] \rightarrow \models_I s [V]$ für alle I und V

Anders gesagt: ein Satz s ist genau dann die logische Konsequenz einer Menge M von Sätzen, wenn jede Interpretation, die ein Modell von M ist, auch ein Modell von s darstellt.

Ein geschlossener Satz s ist genau dann die logische Konsequenz einer Menge geschlossener Sätze M, wenn jede Interpretation, die die Sätze in M erfüllt, auch s erfüllt.

5.3.7 Refutation

Man kann auch indirekt nachweisen, dass ein Satz die logische Konsequenz einer Menge von Sätzen ist.

Bekannt ist der Beweis durch Widerspruch: um nachzuweisen, dass ein Satz gilt, behaupten wir sein Gegenteil, und ziehen aus einem möglicherweise auftauchenden Widerspruch den Schluss, dass der Satz doch gilt.

Genauer gilt das Refutationstheorem.

Ein Satz s ist genau dann die logische Konsequenz einer Menge M von Sätzen, wenn $M \cup \{\neg s\}$ inkonsistent ist, d.h. kein Modell besitzt.

Beweis: Sei s die logische Konsequenz von M und I eine Interpretation. Wenn I ein Modell von M ist, dann ist es auch ein Modell von s. Dann kann I kein Modell von $M \cup \{\neg s\}$ sein, d. h. $M \cup \{\neg s\}$ ist inkonsistent. Sei umgekehrt $M \cup \{\neg s\}$ inkonsistent und die Interpretation *I* ein Modell von M. Da $M \cup \{\neg s\}$ inkonsistent ist, kann *I* kein Modell von $\neg s$ sein. *I* ist daher ein Modell von *s* und *s* ist eine logische Konsequenz von *M*.

Wir können also das Problem der logischen Konsequenz $M \models s$ auf das Problem der Inkonsistenz der Menge von Sätzen $M \cup \{\neg s\}$ zurückführen, das oft einfacher zu lösen ist.

5.3.8   Herbrand Interpretationen

Die Interpretationen, die wir bisher kennengelernt haben, bilden Elemente der Sprache der Prädikatenlogik auf die Elemente der Konzeptualisierung eines Anwendungsbereiches ab.

Wir wollen nun eine ganz andere Interpretation betrachten, bei der die Elemente der Sprache einfach auf sich abgebildet werden. Diese Interpretation wird nach dem französischen Mathematiker Herbrand benannt.

Wir betrachten eine Menge *M* von Sätzen, z.B. in einer Bauklotzwelt die Sätze

    cube(a)
    cube(b)
    red(a)
    ∀ X: cube(X) -> block(X)

Das Herbrand-Universum *U(M)* ist die Menge aller variablenfreien Terme, die aus den Objektkonstanten und Funktionskonstanten gebildet werden können, in unserem Beispiel

    U(M) = {a, b}

Gibt es keine Objektkonstanten, dann fügen wir eine beliebige hinzu. Sobald die Menge der Funktionskonstanten nicht leer ist, wird das Herbrand-Universum unendlich, denn dann kann man beliebige Terme der Form *f(f(f....(...)))* bilden.

Die Herbrand-Basis *B(M)* ist die Menge aller variablenfreien, atomaren Sätze, die aus den Prädikatskonstanten von *M* und dem Herbrand-Universum *U(M)* gebildet werden können.

    B(M) = {cube(a), cube(b), red(a), red(b), block(a), block(b)}

Eine Herbrand-Interpretation *H* bildet variablenfreie Terme auf sich ab, und variablenfreie Atome auf wahr oder falsch.

Das *universe of discourse* ist das Herbrand-Universum.

H(Objektkonstante) = Objektkonstante
(d.h. die Objektkonstanten der Sprache bezeichnen sich selbst als Objekte im Herbrand-Universum)

H(variablenfreier Term) = variablenfreier Term

H(variablenfreies Atom) = wahr oder falsch

Die Interpretation *H* sagt nichts über Prädikatskonstanten; wir können irgendeine Interpretation wählen.

Wir können eine Herbrand-Interpretation mit einer Untermenge der Herbrand-Basis verknüpfen. Für jede Herbrand-Interpretation ist die entsprechende Untermenge die Menge aller variablenfreien Atome, die bezüglich der Interpretation wahr sind. Umgekehrt ist jede Untermenge der Herbrand-Basis mit einer entsprechenden Herbrand-Interpretation verknüpft. D.h. wir können anstelle von einer Herbrand-Interpretation von der entsprechenden Untermenge der Herbrand-Basis sprechen.

Wir haben in unserem Beispiel 6 variablenfreie Atome als Elemente der Herbrand-Basis. Durch die Zuordnung von wahr oder falsch ergeben sich $2^6 = 64$ verschiedene Herbrand-Interpretationen, z. B.

    H1 = {cube(a), cube(b), red(a), red(b), block(a), block(b)}
    H2 = {cube(a), cube(b), red(a), block(a), block(b)}
    H3 = {cube(a)}
    H4 = {}
    ...

Ein Herbrand-Modell für eine Menge *M* von Sätzen ist eine Herbrand-Interpretation, die ein Modell für *M* ist.

Wir konstruieren eine Herbrand-Interpretation, indem wir alle Atome wahr machen, die im Modell wahr sind. In unserem Beispiel sind *H1* und *H2* Modelle, denn sie enthalten alle wahren variablenfreien Atome von *M*. Es gibt keine weiteren Modelle.

Der Durchschnitt von zwei Modellen ist wieder ein Modell, und der Durchschnitt aller Modelle liefert das kleinste Modell.

In unserem Fall gilt

$$H1 \cap H2 = H2$$

$H2$ ist das kleinste Modell von M. Es wird als das Modell von M bezeichnet und steht für die deklarative Bedeutung von M, denn es enthält alle variablenfreien wahren Atome von M.

6   Logische Inferenz

Logische Inferenz heisst, aus gegebenen wahren Sätzen weitere wahre Sätze abzuleiten.

Die Schlussweise der logischen Konsequenz (s. 5.3.6), die auf der deklarativen Semantik beruht, ist zur Inferenz ungeeignet, da wir unendlich viele Interpretationen untersuchen müssten.

Der Ausweg sind logische Beweise. Wenn ein Satz die logische Konsequenz einer Menge von Sätzen ist, dann gibt es einen endlichen Beweis für den Satz aus der Menge von Sätzen. Im Gegensatz zur logischen Konsequenz, die auf der Semantik beruht, sind logische Beweise vollkommen syntaktisch.

Wir können also das Problem der logischen Inferenz auf das Auffinden eines Beweises zurückführen. Allerdings bleibt die logische Konsequenz der grundlegende Begriff, an dem sich jede Inferenzmethode messen muss. Insbesondere können wir dadurch die Korrektheit und Vollständigkeit einer Inferenzmethode definieren.

Die logische Programmierung beruht auf logischer Inferenz. Als Inferenzmethode verwendet man meistens Resolution. In Prolog wird als Sprache eine Untermenge der Prädikatenlogik (Horn-Klauseln) und zur Inferenz eine bestimmte Form der Resolution (SLD) gewählt. Beide Entscheidungen sind das Ergebnis einer Abwägung von Effizienz und Ausdruckskraft, die das Ziel hat, Logik als effektive Programmiersprache benutzbar zu machen.

6.1   Beweise

Logische Beweise beruhen auf Axiomen und Inferenzregeln. Axiome werden in eigentliche und logische eingeteilt. Die eigentlichen oder auch nichtlogischen Axiome sind die Prämissen, von denen wir ausgehen. Die logischen Axiome sind Tautologien, d.h. logische Sätze, die in jeder Interpretation wahr sind, z.B.

$(p \rightarrow q) \leftrightarrow (\neg\, p \lor q)$

$\forall\, X\!: (p(X)) \rightarrow p(a)$

Inferenzregeln, wie z.B.

     aus $p \rightarrow q$ und p schliesse q (modus ponens)

oder

     aus $p \rightarrow q$ und $\neg\, q$ schliesse $\neg\, p$ (modus tollens)

erlauben, aus gegebenen Sätzen andere Sätze abzuleiten. Diese Inferenzregeln sind korrekt in dem Sinne, dass gilt

$\{p \rightarrow q, p\} \models q$

bzw.

$\{p \rightarrow q, \neg\, q\} \models \neg\, p$

Inferenzregeln sind quasi vorgeprüfte logische Konsequenzen.

Wir wollen nun herleiten, dass Sokrates sterblich ist. Dazu verwenden wir die Axiome

     mensch(sokrates)   (Prämisse)
     $\forall\, X\!:$ mensch$(X) \rightarrow$ sterblich(X) (Prämisse)
     $\forall\, X\!:$ $p(X) \rightarrow p(a)$ (logisches Axiom)

und die Inferenzregel

     aus $p \rightarrow q$ und p schliesse q (modus ponens)

Zu beweisen ist das Theorem

     sterblich(sokrates)

Der Beweis besteht aus einer Reihe von Beweisschritten. MP steht für die Inferenzregel *modus ponens*.

(1)   ($\forall$ X: mensch(X) -> sterblich(X))   (Axiom, Prämisse)

     -> (mensch(sokrates) -> sterblich(sokrates))

(2) $\forall$ X: mensch(X) -> sterblich(X)   (Prämisse)

(3)   mensch(sokrates) -> sterblich(sokrates)   (1 und 2, MP)

(4)   mensch(sokrates)   (Prämisse)

(5)   sterblich(sokrates)   (3 und 4, MP)

Für den Beweis schreiben wir

    {mensch(sokrates), $\forall$ X: mensch(X) -> sterblich(X)}

    |- sterblich(sokrates)

oder allgemein

    M |- s

Wir sagen, der Satz s, genannt Theorem, wird aus der Menge der Sätze M - den Prämissen, nichtlogischen oder eigentlichen Axiomen - abgeleitet oder bewiesen. Der Beweis von s ist eine endliche Sequenz von Sätzen s1, ..., sn, wobei sn der zu beweisende Satz s ist. Jedes andere Element si ist entweder ein logisches oder nichtlogisches Axiom oder wird durch Inferenzregeln aus früheren Sätzen der Sequenz abgeleitet.

Auffallend am Beweis war, dass er vollkommen mechanisch vor sich ging. Jede Schlussfolgerung folgt aus den vorherigen Schlussfolgerungen durch die mechanische Anwendung einer Inferenzregel. Allerdings ist es leichter, den Beweis nachzuvollziehen, als ihn zu finden, denn wir können uns auch bei jedem Schritt anders entscheiden, die Axiome anders verknüpfen. Im allgemeinen Fall haben wir auch mehrere Inferenzregeln zur Auswahl. Effiziente und zielgerichtete Inferenz ist ein Problem, mit dem wir uns noch beschäftigen werden.

6.2 Korrektheit und Vollständigkeit

Mit Hilfe des Begriffs der logischen Konsequenz können wir Kriterien für Inferenzprozeduren aufstellen. Wir sagen, eine Inferenzprozedur ist genau dann korrekt, wenn jedes Theorem, das aus einer Menge von Axiomen mit Hilfe der Inferenzprozedur abgeleitet werden kann, eine logische Konsequenz der Axiome ist. Wir sagen, die Inferenzprozedur ist genau dann vollständig, wenn jedes Theorem, das eine logische Konsequenz einer Menge von Axiomen ist, mit Hilfe der Inferenzprozedur aus den Axiomen abgeleitet werden kann.

Sind die Axiome gültig und die Inferenzregeln korrekt, dann gilt, dass der logische Beweis korrekt ist.

$$M \mid\text{-} s \rightarrow M \mid= s$$

Alle aus den Axiomen zu beweisenden Theoreme sind auch die logische Konsequenz der Axiome.

Die Umkehrung dieser Aussage, nämlich dass jede logische Konsequenz bewiesen werden kann, dass logische Beweise vollständig sind

$$M \mid= s \rightarrow M \mid\text{-} s$$

wurde erstmals 1930 von Gödel für ein Axiomensystem nachgewiesen.

Insgesamt sollte eine Beweismethode korrekt und vollständig sein. Man schreibt dann

$$M \mid\text{-} s \equiv M \mid= s$$

Der Begriff des logischen Beweises ist wichtig, denn nicht nur, dass wir damit das Problem der unendlich vielen Interpretationen umgehen, die für den Nachweis der logischen Konsequenz nötig wären, sondern wir können auch versuchen, Beweise und damit die Frage der logischen Konsequenz zu automatisieren.

Wir könnten z.B. mit einer konsistenten Menge M von Axiomen beginnen und systematisch alle logischen Ableitungen von M generieren. Taucht ein Theorem s auf, dann ist es aus M beweisbar, d.h. eine logische Konsequenz. Taucht die Negation von s auf, ist $\neg s$

logische Konsequenz von *M* und *s* selber ist keine. Diese Methode ist extrem ineffizient, da man nicht gezielt nach einem bestimmten Theorem suchen kann.

Eigentlich möchte man umgekehrt vorgehen, nämlich ausgehend von einem Satz *s* entscheiden, dass er die logische Konsequenz von *M* ist. Leider ist das nicht allgemein möglich, denn wie Church und Turing bewiesen, gibt es in der Prädikatenlogik keine allgemeine Prozedur, die entscheidet, ob ein Satz die logische Konsequenz einer Menge von Prämissen ist, oder nicht.

Es existieren jedoch für die Prädikatenlogik Beweisprozeduren, die einen endlichen Beweis für ein Theorem *s* aus einer Menge von Axiomen *M* liefern, falls *s* die logische Konsequenz von *M* ist. Falls *s* keine logische Konsequenz von *M* ist, kann es vorkommen, dass der Beweis nicht endet. Offen bleibt allerdings die Frage der Effizienz der Beweisprozedur.

Es soll nun eine effiziente Beweisprozedur vorgestellt werden, die die Grundlage der Programmiersprache Prolog bildet. Als Inferenzregel wird Resolution verwendet. Durch die Beschränkung auf die Horn-Klausel-Untermenge der Prädikatenlogik und die Wahl der SLD-Strategie der Resolutionsschritte wurde ein effektiver Kompromiss zwischen Ausdruckskraft und Effizienz gefunden.

Bezüglich Ausdruckskraft soll nur erwähnt werden, dass es sogar schon in reinem Prolog möglich ist, alle Funktionen zu berechnen, die durch irgendeine Maschine oder Programmiersprache berechnet werden können.

6.3   Klauselform der Prädikatenlogik

Resolution verwendet eine Darstellung der Prädikatenlogik, die Klauselform genannt wird. An die Stelle von Sätzen treten Klauseln, die Disjunktionen von Literalen sind.

p1 ∨ p2 ∨ ... ∨ ¬ n1 ∨ ¬ n2 ∨ ...

Ein Literal ist ein atomarer Satz - positives Literal *pi* - oder ein verneinter atomarer Satz - negatives Literal ¬ *ni*. Alle Variablen einer Klausel sind implizit universell quantifiziert. Der Gültigkeitsbereich der Quantoren ist die ganze Klausel.

Beispiele für Klauseln sind

sterblich(sokrates)

¬ mensch(X) ∨ sterblich(X)
(Klauselform von ∀ X: mensch(X) -> sterblich(X)))

6.3.1   Umwandlung in Klauselform

Die Klauselform scheint auf den ersten Blick simpel und eingeschränkt. Das täuscht jedoch, denn für jeden Satz der Prädikatenlogik gibt es eine äquivalente Menge von Klauseln, die genau dann erfüllt werden kann, wenn der ursprüngliche Satz erfüllt werden kann.

Die Umwandlung eines Satzes in Klauselform geschieht in 8 Schritten, die wir am Beispiel des Satzes

∀ X: (∀ Y: p(X, Y)) -> ¬ (∀ Y: q(X, Y) -> r(X, Y))

demonstrieren wollen.

1. Wir eliminieren -> und <-> mit Hilfe von

(p -> q) <-> (¬ p ∨ q)
(p <-> q) <-> ((¬ p ∨ q) ∧ (p ∨ ¬ q))

und erhalten

∀ X: ¬ (∀ Y: p(X, Y)) ∨ ¬ (∀ Y: ¬ q(X, Y) ∨ r(X, Y))

2. Wir verteilen die Negationen, sodass jede Negation nur auf ein Atom wirkt, mit Hilfe von

¬¬ p <-> p
¬ (p ∨ q) <-> (¬ p ∧ ¬ q)
¬ (p ∧ q) <-> (¬ p ∨ ¬ q)
¬ ∀ Y: p(Y) <-> ∃ Y: ¬ p(Y)
¬ ∃ Y: p(Y) <-> ∀ Y: ¬ p(Y)

und erhalten

$$\forall X: (\exists Y: \neg\, p(X, Y)) \lor (\exists Y: q(X, Y) \land \neg\, r(X, Y))$$

3. Wir benennen die Variablen um, sodass jede Variable nur einmal im Satz quantifiziert wird.

$$\forall X: (\exists Y: \neg\, p(X, Y)) \lor (\exists Z: q(X, Z) \land \neg\, r(X, Z))$$

4. Wir eliminieren alle existentiellen Quantoren. Wenn ein existentieller Quantor nicht im Gültigkeitsbereich eines universellen Quantors vorkommt, ersetzen wir jedes Auftauchen der quantifizierten Variablen durch eine bisher nicht verwendete Konstante (Skolem-Konstante). Wenn ein existentieller Quantor im Gültigkeitsbereich universellen Quantoren vorkommt, dann ist es möglich, dass die existentiell quantifizierte Variable von den universell quantifizierten abhängt. Wir ersetzen sie daher durch eine bisher nicht verwendete Funktion der universell quantifizierten Variablen (Skolem-Funktion).

$$\forall X: \neg\, p(X, f1(X)) \lor (q(X, f2(X)) \land \neg\, r(X, f2(X)))$$

5. Alle verbleibenden Variablen sind nun universell quantifiziert. Wir können die universellen Quantoren daher auch fortlassen. Alle Variablen werden implizit als universell quantifiziert betrachtet.

$$\neg\, p(X, f1(X)) \lor (q(X, f2(X)) \land \neg\, r(X, f2(X)))$$

6. Wir bringen den Satz in die konjunktive Normalform, d.h. eine Konjunktion von Disjunktionen. Dazu verwenden wir die distributive Regel

$$(p \lor (q \land r)) <-> ((p \lor q) \land (p \lor r))$$

$$(\neg\, p(X, f1(X)) \lor q(X, f2(X))) \land (\neg\, p(X, f1(X)) \lor \neg\, r(X, f2(X)))$$

7. Wir eliminieren alle Operatoren und schreiben die Konjunktion als eine Menge von Klauseln.

$$\neg\, p(X, f1(X)) \lor q(X, f2(X))$$
$$\neg\, p(X, f1(X)) \lor \neg\, r(X, f2(X))$$

8. ZUm Schluss benennen wir die Variablen noch einmal um, sodass keine Variable in mehr als einer Klausel auftaucht.

$$\neg\, p(X, f1(X)) \lor q(X, f2(X))$$
$$\neg\, p(Y, f1(Y)) \lor \neg\, r(Y, f2(Y))$$

In Prolog werden üblicherweise die gleichen Variablennamen in den Klauseln eines Prädikats verwendet, z.B. in

```
member(X, [X | _]).
member(X, [_ | Xs]) :- member(X, Xs).
```

Es wird dabei stillschweigend vorausgesetzt, dass X in den beiden Klauseln für verschiedene Variablen steht.

6.3.2   Klauseln als Implikationen

Mit Hilfe der Umformungen

$$p \rightarrow q <-> \neg\, p \lor q$$

$$\neg\, (p \land q) <-> \neg\, p \lor \neg\, q$$

können wir eine Klausel

$$p1 \lor p2 \lor \ldots \lor \neg\, n1 \lor \neg\, n2 \lor \ldots$$

als Implikation schreiben

$$(\, n1 \land n2 \land \ldots\,) \rightarrow (p1 \lor p2 \lor \ldots\,)$$

Oder in Prolog-Schreibweise als

```
p1, p2, ... :- n1, n2, ... .
```

Die Kommas auf der linken Seite (Kopf) werden als Disjunktionen interpretiert, die Kommas auf der rechten Seite (Körper) als Konjunktionen.

Durch die Schreibweise als Implikation sehen wir, dass wenigstens ein Literal der Konsequenz wahr ist, wenn alle Literale der Voraussetzung wahr sind. Wenn eine Klausel keine negativen Literale enthält, ist die Voraussetzung der Implikation leer, die Konsequenz gilt bedingungslos. Daher wird die leere Voraussetzung als wahr interpretiert. Wenn eine Klausel keine positiven Literale enthält, dann muss mindestens ein negatives Literal falsch sein. Damit ist die gesamte Voraussetzung der Implikation falsch. Als Implikation geschrieben ist die Konsequenz leer. Eine Implikation ist äquivalent der Negation der Voraussetzung, wenn die Konsequenz falsch ist. Eine leere Konsequenz wird daher als falsch interpretiert.

Die leere Klausel *{}* entspricht dann der Implikation *wahr -> falsch*, hat also den Wahrheitswert falsch.

6.4 Resolution

Aus den beiden wahren Sätzen

$$p \lor q$$
$$\neg\, p \lor r$$

kann man den wahren Satz

$$q \lor r$$

schliessen, denn entweder ist p wahr, dann muss r wahr sein, oder p ist falsch, dann muss q wahr sein. In jedem Fall ist dann die Disjunktion von q und r wahr.

Es sieht so aus, als ob wir einfach p gegen $\neg p$ kürzen und den Rest zu einer neuen Disjunktion, der sogenannten Resolvente, zusammenfassen können.

6.4.1 Resolution als Beweismethode

Tatsächlich haben wir ein Beispiel für eine Beweismethode vor uns, die eine sehr einfache und sehr mächtige Inferenzregel verwendet, die Resolution genannt wird und von Robinson 1965 gefunden wurde. Die Beweismethode verwendet eine einzige Inferenzregel und keine logischen Axiome. Damit entfällt das Problem, welche Inferenzregel man für einen Beweisschritt verwenden soll. Die Mechanisierung

von Beweisen wird dadurch erleichtert. Es bleibt allerdings die Wahl
der Klauseln, die im Beweisschritt verwendet werden.

Allgemein gilt: wenn wir eine Klausel *K1* mit dem Literal *L* und eine
andere Klausel *K2* mit dem Literal ¬ *L* haben, dann können wir mit
Hilfe der Resolution die Klausel (Resolvente) ableiten, die aus allen
Literalen von *K1* und *K2* ohne *L* und ¬ *L* besteht.

```
K1                              (L ∈ K1)
K2                              (¬ L ∈ K2)
-----------------------------
{K1-{L}} ∪ {K2-{¬ L}}
```

Ein Resolutionsbeweis einer Klausel *K* aus einer Menge *M* von
Klauseln ist eine Sequenz von Klauseln, wobei die zu beweisende
Klausel *K* ein Element der Sequenz ist und jedes andere Element der
Sequenz entweder ein Element von *M* ist oder durch Resolution aus
früheren Elementen der Sequenz entsteht.

6.4.2   Resolutionsbeispiele

Die Inferenzregel *modus ponens*

```
p -> q
p
--------
q
```

kann in Klauselform geschrieben werden.

```
¬ p ∨ q
p
----------
q
```

Ein Resolutionsschritt ergibt das Resultat. Ebenso *modus tollens*.

```
p -> q
¬ q
--------
¬ p
```

In Klauselform

    ¬ p ∨ q
    ¬ q

    ¬ p

Wie man sieht, sind *modus ponens* und *modus tollens* als Spezialfälle der Resolution zu verstehen.

Ein weiteres Beispiel. Gegeben sei die Menge M der Klauseln

    (1)   ¬ p ∨ q
    (2)   p
    (3)   ¬ q

Durch Resolution erhält man

    (4)   q   (1), (2)

    (5)   {}   (3), (4)

Wir erhalten die leere Klausel *{}*, die den Wahrheitswert falsch hat.
Die Ableitung der leeren Klausel bedeutet, dass die Menge M der
Klauseln inkonsistent ist. Aber auch andere Resolutionsschritte
liefern die leere Klausel.

    (6)   ¬ p   (1), (3)

    (7)   {}   (2), (6)

Wenn wir zeigen wollen, dass eine Menge von Klauseln inkonsistent
ist, genügt es, auf irgendeine Weise die leere Klausel *{}* herzuleiten.

6.5   Unifikation

Ein weiteres Beispiel für eine Resolution.

    p(X1) ∨ q(X1)
    ¬ p(a) ∨ r(X2, Y2)

Auf den ersten Blick scheint Resolution unmöglich zu sein, da die in Frage kommenden Literale $p(X1)$ und $p(a)$ nicht identisch sind. Sie werden jedoch identisch, wenn wir die Variable $X1$ durch die Konstante a substituieren.

Eine Substitution ist die Ersetzung einer Anzahl von Variablen Xi durch Terme ti, wobei jede Variable durch höchstens einen Term ersetzt wird und keine der Variablen in einem der ersetzenden Terme erscheint.

$$\{X1/t1, X2/t2, ..., Xn/tn\}$$

In unserem Beispiel ersetzen wir $X1$ durch a

$$\{X1/a\}$$

und erhalten

$$p(a) \lor q(a)$$
$$\lnot\, p(a) \lor r(X2, Y2)$$

Die Resolvente ist nun

$$q(a) \lor r(X2, Y2)$$

Wir bezeichnen die Substitution auch als Bindung der betroffenen Variablen an den entsprechenden Term.

Wird eine Substitution s auf ein Literal L angewandt, dann schreibt man $[L]s$. Das Literal $[L]s = L'$ nennen wir eine Instanz von L, umgekehrt sagen wir, dass das Literal L seine Instanz L' subsumiert.

Wenn es für zwei Literale $L1$ und $L2$ eine Substitution s gibt, sodass

$$[L1]s = [L2]s$$

dann nennen wir s einen Unifikator von $L1$ und $L2$.

Es gibt nicht für alle Paare von Literalen einen Unifikator; z.B. unifizieren $f(X)$ und $g(a)$, oder $p(a, X)$ und $p(b, X)$ nicht. Wenn es jedoch einen Unifikator gibt, dann gibt es einen, den man als den allgemeinsten bezeichnet. Dieser allgemeinste Unifikator bindet nicht mehr Variablen als unbedingt nötig, um die Literale identisch zu machen, und bindet die Variablen nicht an unnötig komplexe Terme. Formal: s ist genau dann der allgemeinste Unifikator für $L1$ und $L2$, wenn für jeden anderen Unifikator s' gilt, dass das Literal $[L1]s$ das Literal $[L1]s'$ subsummiert. Der allgemeinste Unifikator ist bis auf Variablenumbenennungen eindeutig.

Die Literale

    p(a, Y, Z)
    p(X, b, Z)

werden durch die Substitution s

    {X/a, Y/b, Z/c}

unifiziert.

    [p(a, Y, Z)] {X/a, Y/b, Z/c} = p(a, b, c) = [p(X, b, Z)] {X/a, Y/b, Z/c}

Aber s ist nicht der allgemeinste Unifikator, denn wir brauchten Z eigentlich nicht durch c zu ersetzen. Der allgemeinste Unifikator ist

    {X/a, Y/b}

mit der Instanz

    [p(a, Y, Z)] {X/a, Y/b} = p(a, b, Z) = [p(X, b, Z)] {X/a, Y/b}

Unifikation spielt für effiziente Resolutionsbeweise - z.B. in Prolog - eine entscheidende Rolle. Daher sind eine Reihe von Algorithmen entwickelt worden, um den allgemeinsten Unifikator zweier Literale effizient zu bestimmen. Einen Unifikationsalgorithmus hatten wir schon als Prolog-Programm kennengelernt (s. 3.4.2).

Was geschieht, wenn wir die Literale

    p(X) und p(f(X))

unifizieren?

Da wir gefordert haben, dass bei einer Substitution keine der zu ersetzenden Variablen in einem der ersetzenden Terme erscheint, dürfen die beiden Literale nicht unifiziert werden. Die Überwachung dieser Bedingung heisst *occurs check*. Der *occurs check* ist aufwendig und wird daher in vielen Prolog-Implementationen fortgelassen. Damit wird Prolog potentiell inkorrekt. Es bleibt dann die Aufgabe des Programmierers, dafür zu sorgen, dass derartige Unifikationen nicht vorkommen.

Kehren wir nun zur Resolution zurück und betrachten den allgemeinen Fall. Gibt es ein Literal $L1$ in einer Klausel $K1$ und ein Literal $\neg L2$ in einer anderen Klausel $K2$, und haben $L1$ und $L2$ den allgemeinsten Unifikator u, dann können wir eine Resolvente ableiten, die aus der Vereinigungsmenge aller Literale von $K1$ und $K2$ abzüglich $L1$ und $\neg L2$ besteht, auf die u angewandt wurde.

$$K1 \qquad\qquad\qquad (L1 \in K1)$$
$$K2 \qquad\qquad\qquad (\neg L2 \in K2)$$
$$\text{----------------------------------}$$
$$[\{K1\text{-}\{L1\}\} \cup \{K2\text{-}\{\neg L2\}\}]\, u \qquad \text{wobei gilt } [L1]\, u = [L2]\, u$$

6.6   Resolution und Refutation

Wir wollen nun Resolution und Refutation miteinander verbinden. Das Refutationstheorem besagt:

Ein logischer Satz s ist genau dann die logische Konsequenz einer Menge M von Sätzen, wenn $M \cup \{\neg s\}$ inkonsistent ist.

Andererseits wissen wir, dass eine Menge von Klauseln inkonsistent ist, wenn wir durch Resolution die leere Klausel ableiten können.

Das legt folgendes Beweisverfahren nahe.

Um nachzuweisen, dass ein Theorem T aus einer Menge M von Axiomen folgt, negieren wir T und fügen die Negation zu M hinzu. Dann transformieren wir die Menge der Sätze $\{M \cup \neg T\}$ in Klauselform und wenden Resolution an. Wenn wir durch eine Reihe von Resolutionsschritten die leere Klausel erzeugen können, dann ist $\{M \cup \neg T\}$ inkonsistent. Damit ist T die logische Konsequenz von M.

Falls T Variablen enthält, werden die Variablen während des Resolutionsbeweises durch Substitutionen si an Terme gebunden. Dann ist $[T]\, s1 \bullet \,...\, \bullet sn$ logische Konsequenz von M, und zwar ist es die allgemeinste Instanz von *T*, die aus M folgt, da die Substitutionen *si* allgemeinste Unifikatoren sind.

Wir führen im Beweisverfahren keinen eigentlichen Beweis in der Form einer Folge von Sätzen, deren letzter das zu beweisende Theorem ist. Stattdessen leiten wir aus der Inkonsistenz einer Menge von Klauseln die Beweisbarkeit des Theorems ab, wir führen einen Meta-Beweis.

Als Beispiel werden wir beweisen, dass es einen Menschen gibt, der sterblich ist, und dass dieser Mensch Sokrates ist. Die Axiome

> mensch(sokrates)

> $\forall$ X: mensch(X) -> sterblich(X)

ergeben die Menge *M* der Klauseln

> (1)   mensch(sokrates)

> (2) $\neg$ mensch(X) $\vee$ sterblich(X)

Um das Theorem

> sterblich(Who)

zu beweisen, negieren wir es, wandeln die Negation in eine Klausel um und erhalten die sogenannte *Zielklausel Q*

> (3) $\neg$ sterblich(Who)

Die Menge der Klauseln M $\cup$ {Q} ist inkonsistent, denn wir erhalten

> (4)   sterblich(sokrates)   (1), (2)
>   Substitution {X/sokrates}

> (5)   {}   (3), (4)
>   {Who/sokrates}

Also können wir schliessen, dass das Theorem

> sterblich(Who){Who/sokrates}

eine logische Konsequenz von *M* ist.

Der Beweis ist konstruktiv, denn die Variable *Who* wurde während des Beweises an die Konstante *sokrates* gebunden. Prolog gibt nach dem Beweis derartige Bindungen aus.

6.7   Korrektheit und Vollständigkeit der Resolution

Resolution ist korrekt und in gewisser Weise auch vollständig.

Genauer gilt das Theorem:

Wenn eine Klausel *K* aus einer Menge *M* von Klauseln durch Resolution abgeleitet werden kann, dann ist *K* eine logische Konsequenz von *M*.

Damit gilt das Korollar:

Wenn die leere Klausel *{}* aus einer Menge *M* von Klauseln durch Resolution abgeleitet werden kann, dann ist die leere Klausel *{}* eine logische Konsequenz von *M*, d.h. *M* inkonsistent.

Resolution generiert nicht jede Klausel, die die logische Konsequenz einer Menge von Klauseln ist, ist daher nicht vollständig. Aber sie ist vollständig bezüglich der Refutation.

Für Klauselmengen ohne Un-/Gleichheitrelationen gilt das Theorem:

Wenn eine Menge von Klauseln inkonsistent ist, dann kann man aus ihr durch Resolution die leere Klausel *{}* ableiten.

Speziell gibt uns dieser Satz das Fundament für die Refutations-Resolution. Wir können die logische Konsequenz dadurch nachweisen, dass wir die zu beweisende Klausel negieren, zu der gegebenen Klauselmenge hinzufügen und durch Generieren der leeren Klausel *{}* die Inkonsistenz der gesamten Klauselmenge nachweisen.

Wichtig ist in diesem Zusammenhang, dass jeder Satz der Prädikatenlogik in eine Menge von Klauseln umgewandelt werden kann, die genau dann zu erfüllbar ist, wenn es der ursprüngliche Satz war.

6.8   Resolutionsstrategien

Die Verbindung von Resolution und Refutation ist eine mächtige Beweismethode. Ähnlich wie bei den klassischen Beweismethoden haben wir allerdings bei den meisten Resolutionsschritten mehrere Möglichkeiten. Die unkontrollierte Verwendung von Resolution kann zu vielen für die Refutation nutzlosen oder redundanten Resolventen führen.

Welche Strategie müssen wir wählen, um die leere Klausel gezielt und in möglichst wenigen Schritten zu erhalten?

Es gibt eine Reihe von Resolutionsstrategien, von denen zwei - *set of support* Resolution und lineare Resolution - vorgestellt werden sollen. Beide sind bezüglich der Refutation vollständig.

Resolutionen zwischen Klauseln einer konsistenten Klauselmenge tragen zum Refutationsbeweis nicht bei und können fortgelassen werden. Wir nennen eine Untermenge S einer Klauselmenge M einen *set of support*, wenn $M - S$ konsistent ist. Wir sprechen von *set of support* Resolution, wenn bei jedem Resolutionsschritt mindestens eine der beiden Klauseln ein Element oder ein Abkömmling des *set of support* ist.

Betrachten wir ein Beispiel.

$$
\begin{array}{lll}
(1) & q & \\
(2) & p \vee \neg q & \\
(3) & \neg p \vee \neg q & \quad\text{(set of support)}
\end{array}
$$

Die Klauseln (1) - (2) stellen die konsistente Klauselmenge dar, die Klausel (3) sei der *set of support*. Die *set of support* Resolution liefert z.B.

$$
\begin{array}{lll}
(4) & \neg q & \quad (3), (2) \\
(6) & \{\} & \quad (4), (1)
\end{array}
$$

Lineare Resolution liegt dann vor, wenn die Resolvente eines Schrittes als eine der beiden Klauseln des nächsten Schrittes verwendet wird. Die andere Klausel ist entweder eine Klausel der ursprünglichen Klauselmenge oder ein Vorfahre der aktuellen Resolvente. Die 'nullte' Resolvente ist eine Klausel der ursprünglichen Klauselmenge.

Die Klauseln (1) - (4) seien die ursprüngliche Klauselmenge.

$$
\begin{array}{ll}
(1) & p \vee q \\
(2) & p \vee \neg q \\
(3) & \neg p \vee q \\
(4) & \neg p \vee \neg q
\end{array}
$$

Wir wählen die Klausel (4) als 'nullte' Resolvente.

(5)	$\neg p \vee \neg q$	(4)
(6)	$\neg q$	(5), (2)
(7)	p	(6), (1)
(8)	q	(7), (3)
(9)	{}	(8), (6)

oder

(5')	$\neg p \vee \neg q$	(4)
(6')	$\neg p$	(5'), (3)
(7')	q	(6'), (1)
(8')	p	(7'), (2)
(9')	{}	(8'), (6')

Die lineare Resolution vermeidet Resolutionen zwischen beliebigen Zwischenresultaten und konzentriert sich auf die Anfangsklauseln und auf die aktuelle Resolvente.

Andere Resolutionsstrategien, z.B. *input resolution* (mindestens eine der beiden Klauseln stammt aus der Anfangsmenge), *unit resolution* (mindestens eine der beiden Klauseln besteht nur aus einem Literal), sind nicht vollständig bezüglich der Refutation.

6.9   Horn-Klauseln

Einen wesentlichen Fortschritt bei der Suche nach effektiven und effizienten Beweismethoden bringt die Beschränkung auf Klauseln mit höchstens einem positiven Literal, die sogenannten Horn-Klauseln, die auch Prolog verwendet. Diese Beschränkung reduziert die Zahl der möglichen Resolutionsschritte drastisch und macht die logische Programmierung erst möglich, denn nun können Beweise ähnlich effizient ausgeführt werden wie Programme in den klassischen Programmiersprachen.

Wir unterscheiden zwei Typen von Horn-Klauseln.

Definite Klauseln $\quad p \lor \neg n_1 \lor \dots \lor \neg n_m$ $\qquad (m \geq 0)$

Negative Klauseln $\quad \neg n_1 \lor \dots \lor \neg n_m$ $\qquad (m > 0)$

Als Implikation geschrieben hat eine definite Klausel die Form

$$(n_1 \land \dots \land n_m) \rightarrow p$$

oder in Prolog-Notation

$$p :\text{-} n_1, \dots, n_m. \qquad (m > 0)$$

$$p. \qquad (m = 0)$$

Definite Klauseln mit negativen Literalen sind Implikationen, die bestimmen, unter welchen Bedingungen n_1, n_2,... die Konsequenz p gilt. In der Prolog-Notation wird eine solche Implikation Regel genannt. Die linke Seite einer Regel heisst Kopf, die rechte Seite Körper. Definite Klauseln ohne negative Literale sind bedingungslose Implikationen und werden als Fakten bezeichnet. Die Menge aller definiten Klauseln nennt man das Prolog-Programm.

Eine negative Horn-Klausel

$$\neg n_1 \lor \dots \lor \neg n_m$$

lautet explizit

$$\forall X_1 \dots X_n : (\neg n_1 \lor \dots \lor \neg n_m)$$

oder

$$\forall X_1 \dots X_n : \neg (n_1 \land \dots \land n_m)$$

oder

$$\neg \exists X_1 \ldots X_n: (n_1 \wedge \ldots \wedge n_m)$$

D.h. die negative Horn-Klausel verneint die Existenz von Werten für die Variablen $X_1, \ldots, X_n$, die die Konjunktion $(n_1 \wedge \ldots \wedge n_m)$ wahr machen würden.

Die negative Horn-Klausel wird daher im Sinne der Refutation als Frage verstanden, für welche Werte der Variablen $X_1, \ldots, X_n$

$$(n_1 \wedge \ldots \wedge n_m)$$

wahr ist. Wenn wir beweisen können, dass die Frage

$$\neg (n_1 \wedge \ldots \wedge n_m)$$

und eine Menge M definiter Klauseln inkonsistent sind, dann folgt, dass

$$[(n_1 \wedge \ldots \wedge n_m)] u_1 \bullet \ldots \bullet u_n$$

eine logische Konsequenzvon M ist, denn M ist als Menge definiter Klauseln in jedem Fall konsistent. Während des Beweises werden die Variablen X_i durch Substitutionen u_i an Werte t_i gebunden, die wir als Resultate einer Berechnung betrachten können. Der Beweis ist konstruktiv.

In Prolog-Notation schreibt man die negative Horn-Klausel als

$$\text{?-} n_1, \ldots, n_m. \qquad (m > 0)$$

Die negative Horn-Klausel wird auch Anfrage oder Zielklausel genannt und ihre Literale Ziele.

6.10 SLD-Resolution

Für Horn-Klauseln gibt es eine Kombination von *set of support* und linearer Resolution, die *SLD (Select, Linear, Definite Clauses)* genannt wird.

Um nachzuweisen, dass die Zielklausel

$$?\text{-} \ n_1, ..., n_m. \qquad (m > 0)$$

die logische Konsequenz eines Prolog-Programms M ist, wählt die SLD-Strategie sie als *set of support*, d.h. als eine der beiden Klauseln für den ersten Resolutionsschritt. Anschliessend verwendet die SLD-Strategie lineare Resolution. Ein Literal n_i der Zielklausel wird ausgewählt *(select)* und mit dem Kopf h einer passenden Regel des Programms M

$$h :\text{-} \ b_1, b_2, ..., b_n$$

unifiziert

$$[h] \ u = [n_i] \ u \qquad (u \text{ ist allgemeinster Unifikator})$$

Man erhält die Resolvente R

$$?\text{-} \ [n_1, ..., n_{i-1}, b_1, b_2, ..., b_n, n_{i+1}, ..., n_m] \ u$$

Wir konstruieren eine SLD-Ableitung als eine Folge von Resolventen $R_1, R_2, ..., R_n$, die jeweils durch einen SLD-Schritt auseinander hervorgehen. Die erste Resolvente ist die Zielklausel (Frage). Jeder SLD-Schritt i ist mit einer Substitution u_i verbunden.

Ist eine Resolvente leer, dann sind das Programm M und die Anfrage

$$?\text{-} \ (n_1, ..., n_m)$$

inkonsistent. Somit ist

$$[n_1 \wedge ... \wedge n_m] \ u_1 \bullet u_2 \bullet ... \bullet u_n$$

eine logische Konsequenz des Programms M.

Da die Substitutionen u_i die allgemeinsten Unifikatoren sind, ist

$$[n_1 \wedge ... \wedge n_m] \ u_1 \bullet u_2 \bullet ... \bullet u_n$$

die allgemeinste Instanz von

$$n_1 \wedge \ldots \wedge n_m$$

die aus dem Programm M folgt.

SLD-Resolution ist nichtdeterministisch, denn wir haben bei jedem Schritt die Wahl des Literals der Resolventen und der passenden Programmklausel.

Alle SLD-Ableitungen können in einem SLD-Baum dargestellt werden. Zur Demonstration dient das Programm

p(X) :- q(X), r(X).	(1)
p(3).	(2)
q(1).	(3)
q(2).	(4)
r(2).	(5)
r(3).	(6)

Die Anfrage

?- p(X).

ergibt den SLD-Baum.

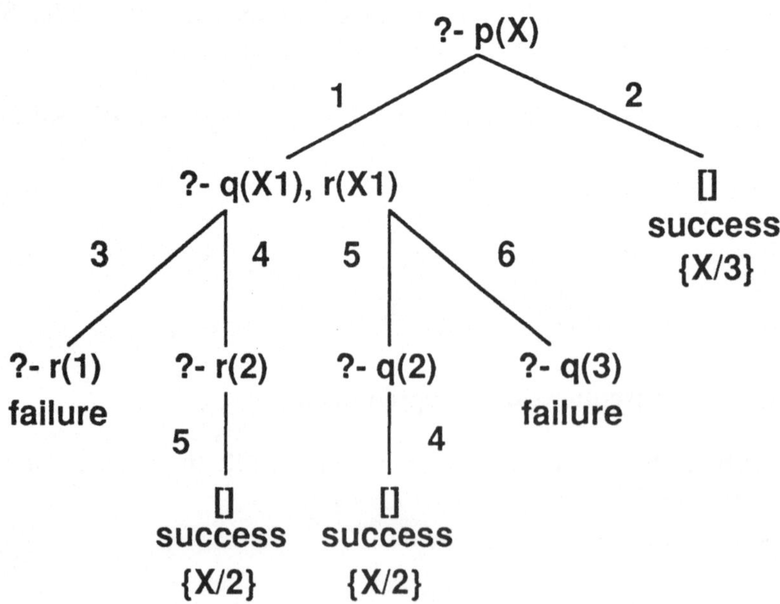

Die Zahlen an den Kanten geben die jeweils ausgewählte Programmklausel an, in geschweiften Klammern stehen die Substitutionen. Zweige des Baumes, die erfolgreichen Ableitungen entsprechen, werden Erfolgszweige genannt, Zweige, die Fehlschlägen entsprechen, Fehlerzweige.

Die Resolvente $q(X)$, $r(X)$ erlaubt zwei verschiedene Resolutionen, einmal wird das Ziel $q(X)$, einmal das Ziel $r(X)$ zur Resolution verwendet. Wir haben im SLD-Baum beide Entscheidungen sichtbar gemacht, um zu zeigen, dass beide zu den gleichen erfolgreichen Ableitungen führen.

Die Wahl des Ziels, das für den nächsten Resolutionsschritt verwendet wird, nennt man die Berechnungsregel *(computation rule)*. Man kann zeigen, dass jede Berechnungsregel zur gleichen Zahl von Erfolgszweigen mit den gleichen Variablenbindungen für die Zielklausel führt.

In Prolog wird immer das erste Ziel wählt. Damit vereinfacht sich der SLD-Baum zu

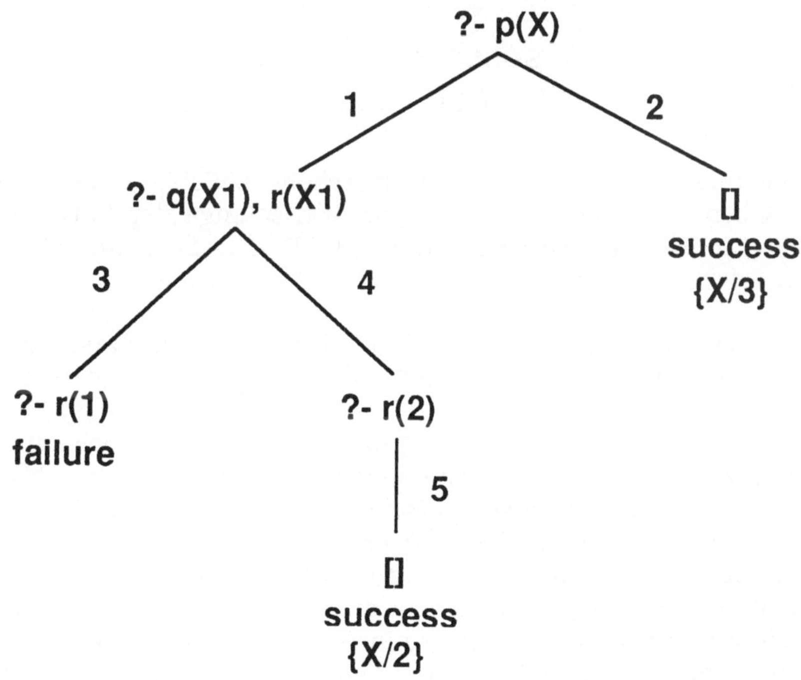

Eine andere Wahl der Programmklausel, die für die Resolution verwendet wird, führt zu Vertauschungen von Zweigen des Baums,
jedoch nicht zu einem grundsätzlich anderem Baum, z.B.

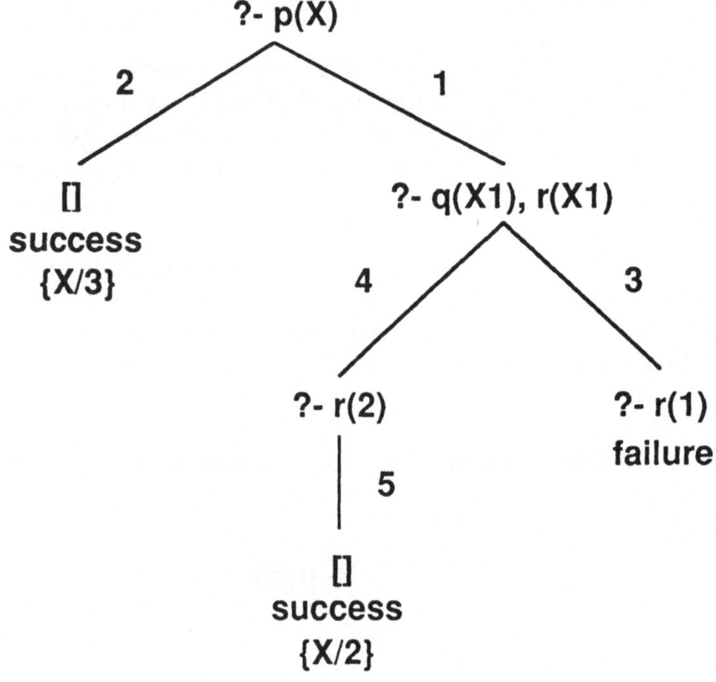

Die Reihenfolge der Programmklauseln scheint beliebig zu sein. Wir
werden sehen, dass diese Aussage nur gilt, solange der SLD-Baum
endlich ist. In Prolog wird immer die textuell erste Programmklausel
gewählt.

Nun müssen wir noch entscheiden, wie der SLD-Baum nach
Erfolgszweigen abgesucht werden soll.

Am sichersten wäre die Breitensuche, die jede Ebene des Suchbaumes
vollständig absucht, bevor sie eine Ebene weiter geht. Breitensuche ist
jedoch sehr aufwendig, da viele Zwischenresultate gespeichert werden
müssen. In Prolog wird stattdessen Tiefensuche verwendet, die einen
Zweig des Suchbaumes bis zum Ende absucht, bevor sie andere Zweige
untersucht. Tiefensuche ist einfach und effizient zu implementieren,
da nur die Information eines Zweiges in Form eines Stacks gespeichert
wird. Probleme können sich bei der Tiefensuche ergeben, wenn im
Suchbaum unendliche Zweige auftauchen.

Bei einem Fehlerzweig kehrt Prolog zum letzten Ziel zurück, für das es eine alternative passende Programmklausel gibt, und unifiziert dann das Zielliteral mit deren Kopf *(backtracking)*.

Die Kombination von Tiefensuche und Backtracking ergibt den folgenden Weg durch den Suchbaum. (Das zweite Backtracking wird künstlich ausgelöst, um alle Lösungen zu erhalten.)

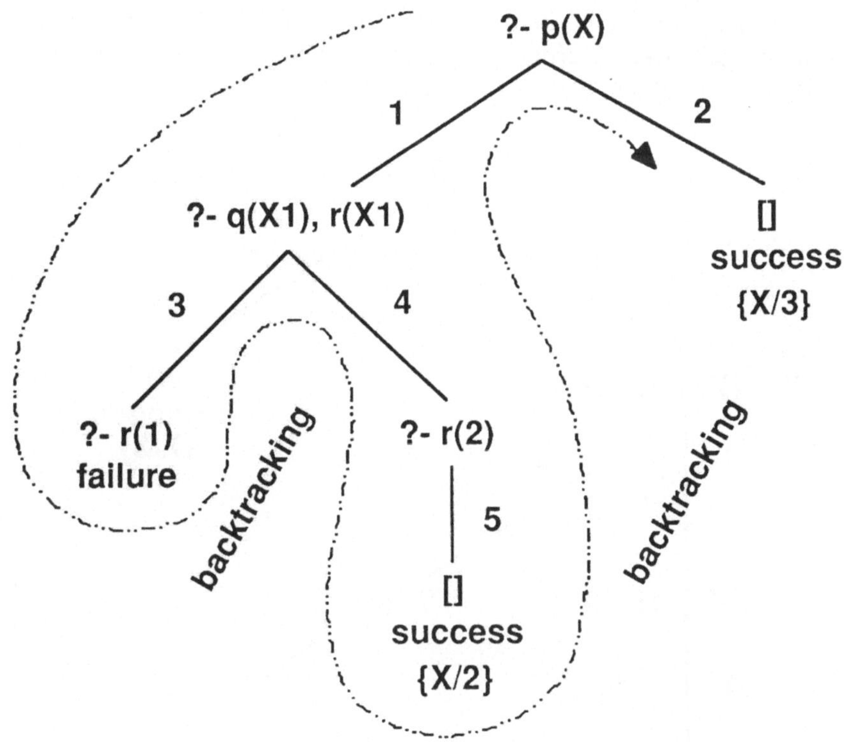

Solange der SLD-Baum endlich ist, gibt es keine Probleme mit der Tiefensuche. Anders sieht es aus, wenn der SLD-Baum unendliche Zweige enthält.

Wir betrachten das Programm

```
p(X) :- p(X), r(X).     (1)
p(3).                   (2)
r(3).                   (3)
```

und die Anfrage

    ?- p(X).

Das Programm enthält für das Prädikat p als erste eine (links-) rekursive Klausel. Dadurch werden im am weitesten links stehenden Zweig des SLD-Baums immer wieder Resolventen generiert, die mit dem Ziel $p(X)$ beginnen, d.h. der Zweig wird unendlich.

Alle Zweige, die sich rechts vom unendlichen Zweig befinden, werden wegen der Tiefensuche nicht abgesucht; dort eventuell vorhandene Lösungen werden nicht gefunden..

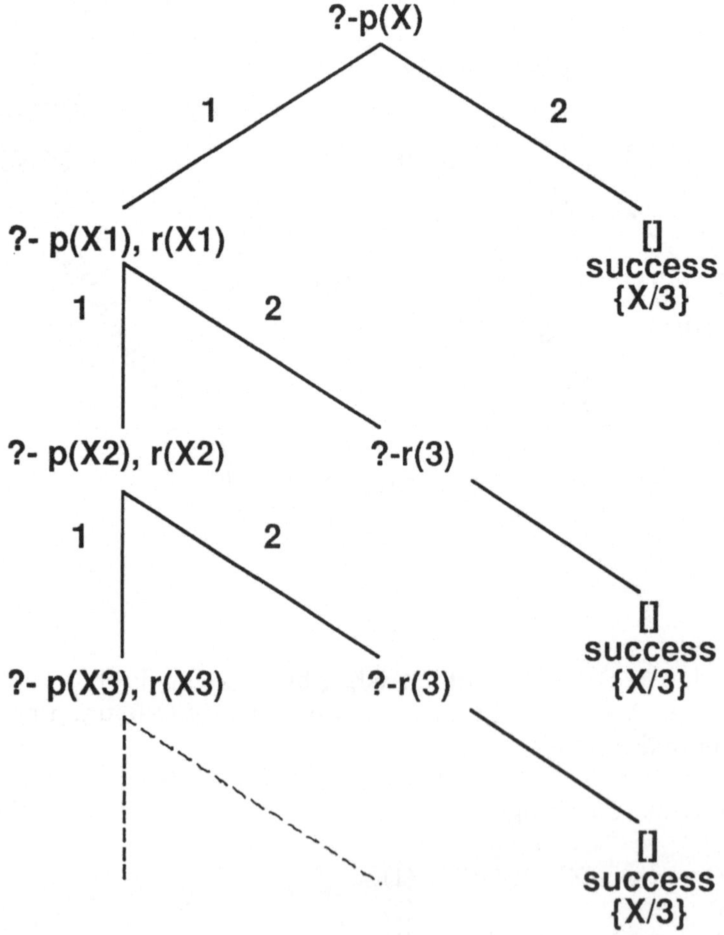

Obwohl *p(3)* eine logische Konsequenz des Programms ist, wird diese
Lösung wegen der Tiefensuche nicht gefunden.

Die Reihenfolge der Programmklauseln

    p(3).   (1)
    p(X) :- p(X), r(X).   (2)
    r(3).   (3)

vertauscht die Zweige des SLD-Baums.

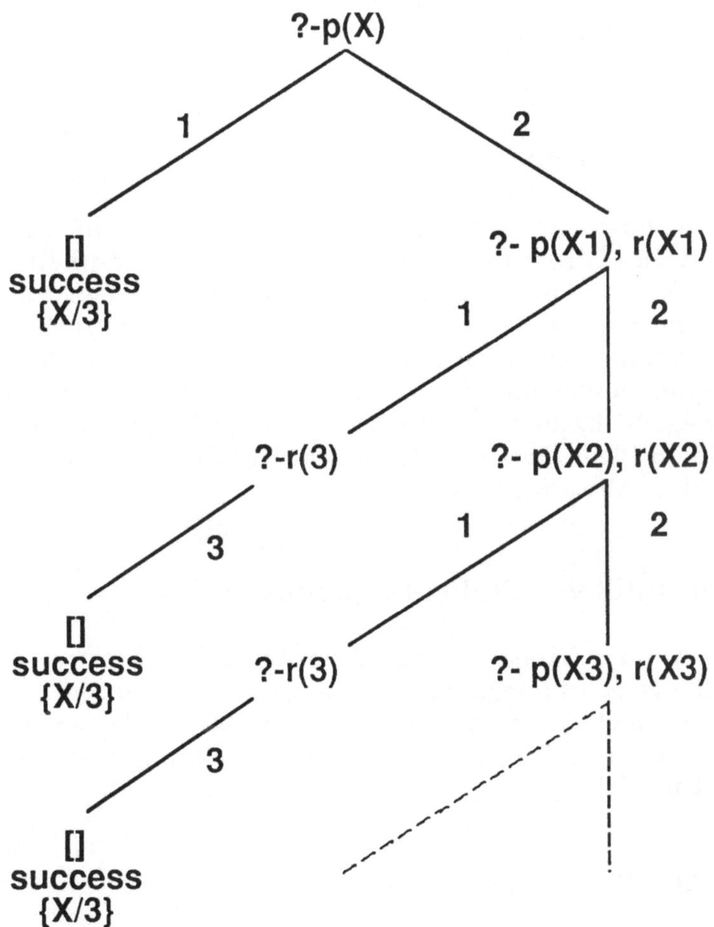

Die Lösung *p(3)* wird nun gefunden, da sie links vom unendlichen Zweig liegt. Ausserdem gibt es erfolgreiche Nebenzweige des unendlichen Zweiges.

Wenn unendliche Zweige auftauchen, spielt die Reihenfolge der Programmklauseln offensichtlich eine Rolle.

Ein weiteres Beispiel. Prolog kann aus dem Programm

```
flug(zürich, genf).
flug(rom, genf).
flug(X, Y) :- flug(X, Z), flug(Z, Y).
flug(X, Y) :- flug(Y, X).
```

die Frage

```
?- flug(rom, zürich).
```

nicht beantworten, obwohl *flug(rom, zürich)* eine logische Konsequenz des Programms ist. Der Suchbaum enthält einen unendlichen Zweig. Auch das Vertauschen der beiden Regeln nützt in diesem Fall nichts, denn beide Regeln mit dem Kopf *flug(X, Y)* sind zur Beantwortung der Frage nötig; es wird aber wegen des allgemeinen Kopfes immer nur die textuell erste ausgewählt. Vertauscht man die Regeln, enthält der Suchbaum anstelle des unendlichen Zweiges eine Schleife. Wie man in diesem Fall doch zu einer Lösung kommt, wird in Abschnitt 9.6 gezeigt.

6.11   Semantik von Prolog-Programmen

Prolog-Programme haben eine deklarative und eine prozedurale Semantik, die wegen Prologs Beweisstrategie durchaus nicht identisch sein müssen. Auch kann es vorkommen, dass die Semantik eines Programms nicht die vom Programmierer intendierte ist; das Programm kann falsch sein.

6.11.1   Deklarative und prozedurale Semantik

Die deklarative Semantik eines Programms und einer Frage basiert auf der Semantik der Horn-Klauseln. Ein Ziel Z folgt aus einem Programm P, wenn die Klauselmenge $P \wedge \{\neg Z\}$ nicht erfüllt werden kann. Über die Reihenfolge von Klauseln oder von Zielen wird nicht gesprochen.

Um die deklarative Bedeutung eines Prolog-Programms zu definieren, müssen wir noch einmal auf die Herbrand Interpretation zurückkommen (s. 5.3.8). Wir diskutieren die Begriffe anhand des Programms P.

```
p(X) :- p(X), q(X).
p(1).
p(2).
q(2).
```

Das Herbrand-Universum $U(P)$ eines Prolog-Programms P ist die Menge aller variablenfreien Terme, die aus den Konstanten und Funktionen von P gebildet werden können.

$$U(P) = \{1, 2\}$$

Die Herbrand-Basis $B(P)$ ist die Menge aller variablenfreien Ziele, die aus den Prädikaten von P und den Elementen des Herbrand-Universums $U(P)$ gebildet werden können.

$$B(P) = \{p(1), p(2), q(1), q(2)\}$$

Eine Herbrand-Interpretation $I(P)$ ist eine Untermenge der Herbrand-Basis $B(P)$, deren Elemente als wahr angenommen werden, z.B. die Interpretationen $I1, I2$ und $I3$

$$I1(P) = \{\}$$

$$I2(P) = \{p(1), p(2), q(2)\}$$

$$I3(P) = \{p(1), p(2), q(1), q(2)\}$$

Eine Herbrand-Interpretation $I(P)$ ist ein Modell von P, wenn für jede variablenfreie Klausel

Head :- Body1, ..., BodyN

gilt:

Head ist in I(P), wenn Body1, ..., BodyN in I(P) sind.

Es kann mehr als ein Modell geben, und der Durchschnitt zweier
Modelle ist wieder ein Modell.

Der Durchschnitt aller Modelle liefert das kleinstes Modell $M(P)$, das
als die deklarative Bedeutung von P aufgefasst wird.

$$M(P) = \{p(1), p(2), q(2)\}$$

$M(P)$ ist die Menge aller variablenfreien Terme, die logische
Konsequenz von P sind.

Die prozedurale Semantik eines Prolog-Programms reflektiert die
SLD-Resolutionsstrategie. Ein Ziel Z folgt aus einem Programm P,
wenn P und $\neg Z$ im Laufe der Prolog-Beweisprozedur die leere Klausel
$\{\}$ generieren. Die Reihenfolge von Klauseln und von Zielen spielt
beim Beweis eine wesentliche Rolle.

Die prozedurale Bedeutung $PS(P)$ eines Prolog-Programms P ist die
Menge aller variablenfreien Ziele Zij, die Instanzen von Fragen $\neg Zi$
sind, die durch die Prologs Beweisprozedur bewiesen werden.

Es gilt für unser Beispiel

$$PS(P) = \{q(2)\}$$

Prolog findet nur eine der möglichen drei Lösungen. Die Lösungen
$p(1)$ und $p(2)$ liegen in der deklarativen Bedeutung, aber nicht in der
prozeduralen.

Das Beispiel zeigt, dass Prologs prozedurale Semantik unvollständig
sein kann. Es gibt Lösungen, die Prolog nicht findet, obwohl sie
logische Konsequenz des Programms sind. Die deklarative und die
prozedurale Semantik sind nicht in jedem Fall identisch.

Prolog kann auch inkorrekt sein.

Ein Fall ist Unifikation ohne *occurs check*, der oft aus
Effizienzgründen fortgelassen wird. Dieser Fall ist jedoch kein
Problem für die meisten Prolog-Programme, denn Programmierer
können ihn vermeiden. Ein zweiter Fall für inkorrekte Lösungen ist
negation as failure mit uninstanzierten Variablen in der Negation.
Diesen Fall und seine Vermeidung haben wir schon diskutiert.

6.11.2   Deklarative Fehlersuche

Die Bedeutung eines reinen Prolog-Programms P ist durch das kleinste Herbrand-Modell $M(P)$ gegeben, d.h. durch die Menge variablenfreier Ziele, die logische Konsequenz von P sind. Wenn ein Benutzer ein Programm entwickelt, hat er eine bestimmte Bedeutung im Sinn. Wir definieren diese intendierte Bedeutung $I(P)$ eines Programms P als eine Menge von variablenfreien Zielen, für die P gelingen soll, d.h. als eine Herbrand-Interpretation von P. Wir erwarten $M(P) = I(P)$; das gilt nicht notwendigerweise.

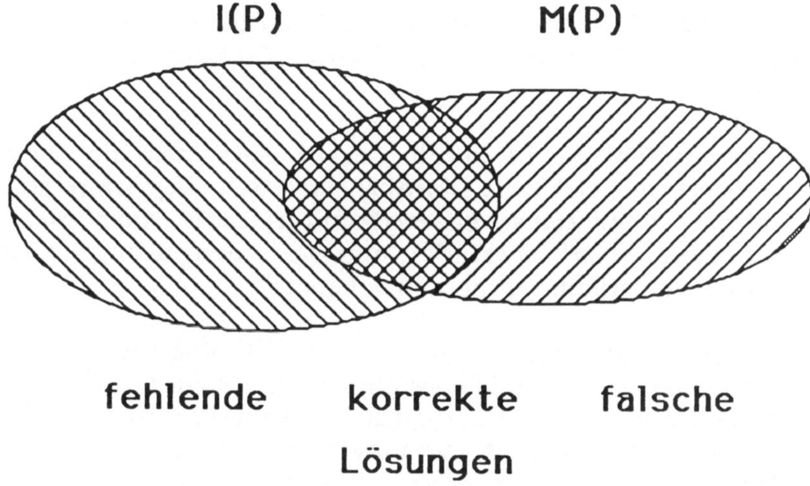

Im allgemeinen Fall werden sich $I(P)$ und $M(P)$ teilweise überlappen und das Programm ist fehlerhaft. Eine Antwort kann *falsch* sein, d.h. das Programm ist inkorrekt, oder sie kann *fehlen*, d.h. das Programm ist unvollständig.

Das Programm P

    p(b).

    q(a).

    r(X) :- p(X), q(X).

wurde mit der intendierten Bedeutung

    I(P) = {p(a), q(a), r(a)}

entwickelt. Sein kleinstes Herbrand Modell ist

$$M(P) = \{p(b), q(a)\}$$

I(P) und *M(P)* sind verschieden. Die Antworten *p(a)* und *r(a)* fehlen, und die Antwort *p(b)* ist falsch.

Man kann diese Fehler natürlich durch Tracing entdecken, d.h. durch Verfolgen des prozeduralen Ablaufs.

Eleganter ist es, direkt die deklarative Interpretation eines Prolog-Programms zur Fehlersuche zu verwenden, d.h. das Wissen zu benutzen, was das Programm berechnen soll, anstelle wie es berechnet wird. Diese Methode nennt man *deklarative Fehlersuche (declarative debugging)*.

Die deklarative Fehlersuche beruht darauf, dass man die Begriffe *falsche Antwort* und *fehlende Antwort* mit den Begriffen *falsche Klauselinstanz (wrong clause instance)* und *fehlendes Atom (missing atom, uncovered atom)* verbindet und so einen Bezug zu den Prädikaten des fehlerhaften Programms herstellt.

Sei *I(P)* die intendierte Bedeutung des reinen Prolog-Programms *P*. Eine Instanz einer Programmklausel *(H :- B)* von *P* wird als bezüglich *I(P) falsch* bezeichnet, wenn *H* bezüglich *I(P)* nicht erfüllt werden kann und *B* bezüglich *I(P)* gültig ist. Das Programm *P* hat genau dann eine falsche Antwort und ist inkorrekt bezüglich *I(P)*.

Das können wir direkt in Prolog spezifizieren.

```
wrong((H :- B)) :-
    clause(H, B),
    unsatisfiable(H),
    valid(B).
```

Sei *I(P)* die intendierte Bedeutung des reinen Prolog-Programms *P*. Ein Atom *A* mit dem Prädikatssymbol *p* wird als bezüglich *I(P) fehlend* bezeichnet, wenn *A* in *I(P)* gültig ist und für jede Programmklausel *(H :- B)* des Prädikats *p*, deren Kopf mit *A* mit dem allgemeinsten Unifikator *u* unifiziert, *Bu* in *I(P)* nicht zu erfüllen ist. Das Programm *P* hat genau dann keine Antwort für *A* und ist unvollständig bezüglich *I(P)*.

```
missing(atom(A)) :-
    valid(A),
    not(clause(A, B), valid(B)).
```

Die Klauseln für *wrong/1* und *missing/1* stellen zusammen mit den entsprechenden Klauseln von *valid/1* und *unsatisfiable/1* einen einfachen Algorithmus für die deklarative Fehlersuche dar. Die Prädikate *valid/1* und *unsatisfiable/1* machen Aussagen über die intendierte Bedeutung des Programms *P*. Sie sind als Fragen an ein sogenanntes Orakel implementiert, das meistens der Benutzer ist, aber auch die Spezifikation oder korrekte Version des Programms *P* sein könnte.

Dieser einfache Algorithmus zur Fehlersuche ist allerdings ineffizient, da er blind nach Fehlern sucht. Die Suche wird effizienter, wenn man das fehlerhafte - d.h. falsche oder fehlende - Ziel zur Hilfe nimmt, und den Suchraum dadurch einschränkt. Durch die Wahl der Abarbeitung des Ziels bestimmt man, wie der Suchbaum abgesucht wird.

Die folgenden Prädikate suchen mit Hilfe des fehlerhaften Ziels nach der Ursache des Fehlers.

```
wrong((X, Y), Z) :-
    wrong(X, Z).
wrong((X, Y), Z) :-
    wrong(Y, Z).
wrong(X, Z) :-
    clause(X, Y),
    wrong(Y, Z).
wrong(X, (X :- Y)) :-
    clause(X, Y),
    unsatisfiable(X),
    valid(Y).

missing((X, Y), Z) :-
    missing(X, Z).
missing((X, Y), Z) :-
    missing(Y, Z).
missing(X, Z) :-
    clause(X, Y),
    missing(Y, Z).
missing(X, atom(X)) :-
    valid(X),
    not (clause(X, Y), valid(Y)).
```

Die jeweils drei ersten Klauseln arbeiten das Ziel ab, die jeweils letzte
entspricht der obigen Spezifikation von *wrong/1* bzw. *missing/1*.

Durch zusätzliche Kontrollinformationen kann die Abarbeitung des
Ziels und damit die deklarative Fehlersuche noch effizienter werden.

```
wrong((X, Y), Z) :-
     unsatisfiable(X),
     wrong(X, Z).
wrong((X, Y), Z) :-
     unsatisfiable(Y),
     wrong(Y, Z).
wrong(X, Z) :-
     idef(X),
     clause(X, Y),
     call(Y),
     unsatisfiable(Y),
     wrong(Y, Z).
wrong(X, (X :- Y)) :-
     idef(X),
     clause(X, Y),
     unsatisfiable(X),
     valid(Y).

missing((X, Y), Z) :-
     not call(X),
     missing(X, Z).
missing((X, Y), Z) :-
     not call(Y),
     missing(Y, Z).
missing(X, Z) :-
     idef(X),
     clause(X, Y),
     not call(Y),
     valid(Y),
     missing(Y, Z).
missing(X, atom(X)) :-
     idef(X),
     valid(X),
     not (clause(X, Y), valid(Y)).
```

In jedem Aufruf von *wrong/2* ist das erste Argument nicht erfüllbar,
in jedem Aufruf von *missing/2* das erste Argument gültig. Durch

Hinzufügen der entsprechenden Ziele erreichen wir, dass diese Bedingungen im jeweiligen Zweig des Suchbaumes erfüllt sind.

Durch die Ziele *call/1* bzw. *not call/1* erfahren wir, ob die jeweiligen Ziele gelingen bzw. fehlschlagen. Wir benutzen diese Information als weitere Heuristik bei der Suche. Schliesslich sorgen wir durch *idef/1* dafür, dass *clause/2* nur für Benutzerprädikate aufgerufen wird.

Zum Schluss führen wir noch zwei Prädikate für das Benutzer-Interface ein, die die gleiche Kontrollinformation enthalten.

```
wrong_solution(X) :-
    call(X),
    unsatisfiable(X),
    wrong(X, Y),
    message(['The following clause instance is wrong ', Y]).

missing_solution(X) :-
    not call(X),
    valid(X),
    missing(X, atom(Y)),
    message(['The following atom is not covered ', Y]).
```

Das folgende Programm für *insertion sort* enthält einen Fehler in der ersten Klausel von *insert/3*.

```
isort([X | Xs], Ys) :-
    isort(Xs, Zs),
    insert(X, Zs, Ys).
isort([], []).

insert(X, [Y | Ys], [X,Y | Ys]) :-
    X ≥ Y.                            % Correct is X ≤ Y
insert(X, [Y | Ys], [Y | Zs]) :-
    X > Y,
    insert(X, Ys, Zs).
insert(X, [], [X]).
```

Dieser Fehler führt sowohl zu falschen wie zu fehlenden Antworten.

```
?- isort([3, 2, 1], X).
X = [3, 2, 1]
```

```
?- isort([2, 1, 3], X).
no
```

Versuchen wir. den Fehler durch deklarative Fehlersuche zu finden.
Im folgenden Dialog ist die Benutzereingabe kursiv gedruckt. Zuerst
die falsche Lösung.

?- wrong_solution(isort([3, 2, 1], [3, 2, 1])).

Is the goal isort([3, 2, 1], [3, 2, 1]) true?
no

Is the goal isort([2, 1], [2, 1]) true?
no

Is the goal isort([1], [1]) true?
yes

Is the goal insert(2, [1], [2, 1]) true?
no

The following clause instance is wrong
insert(2, [1], [2, 1]):-2 ≥ 1

Nun die fehlende Lösung.

?- missing_solution(isort([2, 1, 3], X)).

Is there a true ground instance of isort([2, 1, 3], [1, 2, 3])?
yes

Is there a true ground instance of isort([1, 3], _1393)?
yes

Goal: isort([1, 3], _1393)
True ground binding of _1393 :
[1, 3]

Is there a true ground instance of insert(2, [1, 3], [1, 2, 3])?
yes

Is there a true ground instance of isort([3], _2636)?
yes

```
Goal: isort([3], _2636)
True ground binding of _2636 :
[3]

Is there a true ground instance of insert(1, [3], [1, 3])?
yes

The following atom is not covered
insert(1, [3], [1, 3])
```

Der vorgestellte deklarative Debugger ist noch nicht sehr praktisch. Er gilt nur für reine Prolog-Programme und er stellt viele Fragen. Erweiterungen des verarbeiteten Sprachumfangs sind möglich, z.B. kann Negation durch die Klauseln

```
wrong(not X, Y) :-
    missing(X, Y).

missing(not X, Y) :-
    wrong(X, Y).
```

behandelt werden.

Viele Untersuchungen haben das Ziel, den Suchraum zu verkleinern und die damit verbundene Zahl der Fragen, insbesondere der aufwendigen Instanz-Fragen, zu verringern. Einerseits wurden Verfahren vorgeschlagen, die durch geeignete Kontrollinformation die Suche weiter verkürzen. Ein anderer Vorschlag beruht darauf, anstelle von einzelnen Instanzen Spezifikationen des entsprechenden Prädikats einzugeben und damit eine grosse Menge von Fragen auf einmal zu beantworten.

Prolog-Programme können noch einen weiteren Fehler haben: sie terminieren für bestimmte Anfragen nicht. Um die Ursache derartiger Fehler zu finden, wird der deklarative Debugger um einen Metainterpreter für begrenzte Tiefensuche erweitert (s. 9.6.1), der in einem Stack die Resolventen des Beweises sammelt. Der Aufruf des Metainterpreters gelingt, wenn eine Anfrage innerhalb der vorgegebenen Tiefe bewiesen werden kann. Wird die Tiefe überschritten, gibt der Metainterpreter den Stack mit den Resolventen aus. Durch die Analyse des Stacks kann man feststellen, ob der Beweisbaum möglicherweise eine Schleife oder einen unendlichen Zweig enthält.

7 Suchverfahren

Viele Probleme lassen sich als Suche nach einem Lösungsweg in einem Zustandsraum darstellen, z.B. eine Schachpartie. Die verschiedenen Konfigurationen sind die Zustände. Die Zustände sind durch Übergänge - die Züge - miteinander verbunden. Es gibt einen Anfangszustand - die Anfangskonfiguration - und eine Menge von Endzuständen - die Mattkonfigurationen.

Die Schachpartie ist dann die Suche nach einer Folge von miteinander verbundenen Zuständen vom Anfangszustand zu einem der Endzustände.

Es sind viele verschiedene Suchverfahren entwickelt worden, von denen einige vorgestellt werden sollen.

7.1 Zustandsräume

Die Menge der Zustände, der Elemente des Zustandsraumes, wird als endlich angenommen. Über die Zustände wird keine Annahme gemacht. Sie werden durch die Darstellung des Problems bestimmt und können beliebig komplex sein.

Einige Zustände sind ausgezeichnet. Es gibt Anfangszustände - meistens nur einen - und Endzustände. Die Zustände können durch Übergänge miteinander verbunden sein. Ein Suchpfad ist eine Menge von durch Übergängen miteinander verbunden Zuständen, beginnend in einem der Anfangszustände und endend in einem der Endzustände.

Die Zustände und ihre Übergänge können als Graph repräsentiert werden. Dabei bezeichnen die Knoten die Zustände und die Kanten die Übergänge. Ein Beispiel ist der folgende Baum, ein besonders einfacher Graph.

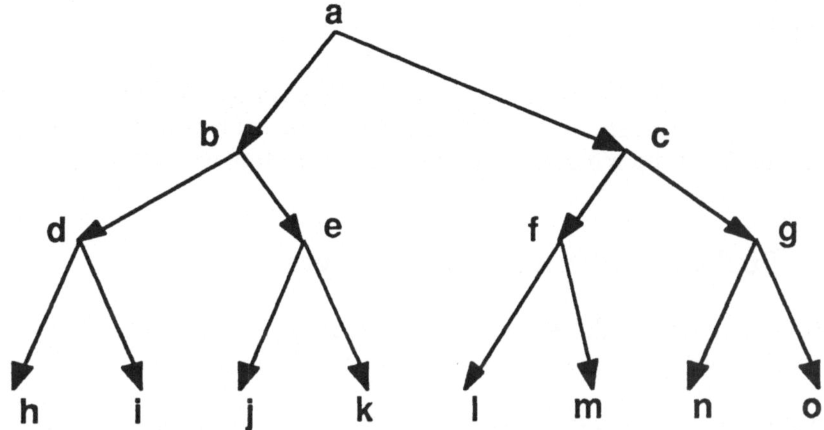

In Prolog können wir den Zustandsraum (Graphen) durch

>initial(Start)

>child(ParentNode, ChildNode)

>final(Solution)

spezifizieren. Das Prädikat *initial/1* definiert den Anfangszustand. Das Prädikat *child(ParentNode, ChildNode)* ist wahr, wenn ein Übergang von *ParentNode* zu *ChildNode* führt. Das Prädikat *final/1* bezeichnet Endzustände.

Der Beispiel-Graph wird durch die Fakten

>initial(a).

>child(a, b).   child(e, k).
>child(a, c).   child(c, f).
>child(b, d).   child(c, g).
>child(b, e).   child(f, l).
>child(d, h).   child(f, m).
>child(d, i).   child(g, n).
>child(e, j).   child(g, o).

beschrieben.

Durch das Fakt

```
final(_).
```

definieren wir jeden Zustand als Endzustand. Wenn wir alle
Lösungen generieren, können wir dadurch detailliert verfolgen,
welche Zustände in welcher Reihenfolge gefunden werden.

7.2   Suchen mit Prologs Suchstrategie

Die einfachste Methode, einen Pfad vom Ausgangszustand zu einem
Lösungszustand zu finden, beruht auf Prologs Tiefensuche.

Das Prädikat *search(Solution)* ist wahr, wenn der Zustand *Solution*
ein Abkömmling des Anfangszustands *Start* und ein Endzustand ist.
Lösungen werden durch Tiefensuche gefunden, weil der Prolog-
Interpreter Tiefensuche verwendet.

```
% depth-first search based on Prolog's depth-first strategy

search(Solution) :-
       initial(Start),
       descendant(Start, Solution),
       final(Solution).
```

Das Prädikat *descendant(Node, Descendant)* liefert bei jedem Aufruf
einen Knoten *Descendant*, der durch einen Pfad mit dem Knoten
Node verbunden ist. Das Prädikat generiert die transitive Hülle des
Knotens *Node*.

```
% descendant(Node, Descendant) :- Descendant is a descendant of
% Node
descendant(Node, Node).
descendant(Node, Descendant) :-
       child(Node, Intermediate),
       descendant(Intermediate, Descendant).
```

Für den Beispiel-Baum erhält man als Lösung der Anfrage

```
?- findall(Solution, search(Solution), Solutions).
```

```
Solutions = [a, b, d, h. i, e, j, k, c, f, l, m, g, n, o]
```

Die Lösungen werden in der Reihenfolge gefunden, die durch die Tiefensuche des Prolog-Interpreters gegeben ist.

7.3   Explizite Tiefensuche

Das Prädikat *search/1* verwendet Prologs Tiefensuche, die unserem Einfluss entzogen ist. Um Suchverfahren zu entwickeln, in denen wir die Suche beeinflussen können, führen wir im Prädikat *descendant/2* explizit die Menge der Knoten ein, die noch nicht besucht wurden, den sogenannten *open set*.

```
descendant(Node | _], Node).
descendant([Node | Open_Set1], Descendant) :-
      children(Node, Children),
      append(Children, Open_Set1, Open_Set2),
      descendant(Open_Set2, Descendant).
```

Der *open set* funktioniert wie ein Stack. Die Kinder eines Knotens werden vorne angefügt, d.h. auf den Stack gelegt. Anschliessend wird der oberste Knoten entfernt und weiter verarbeitet. Initialisiert wird der *open set* mit dem Anfangszustand *Start*.

Wenn die Übergänge durch Fakten *child/2* beschrieben sind, finden wir alle Kinder eines Knotens durch

```
children(Parent, Children) :-
      findall(Child, child(Parent, Child), Children).
```

Damit wird die explizite Tiefensuche

```
% depth-first search with explicit open set

depth_first(Solution) :-
      initial(Start),
      descendant([Start], Solution),
      final(Solution).
```

Wie vorher erhalten wir als Lösung der Anfrage

```
?- findall(Solution, depth_first(Solution), Solutions).

Solutions = [a, b, d, h. i, e, j, k, c, f, l, m, g, n, o]
```

7.4   Breitensuche

Bei der Tiefensuche ist der *open set* ein Stack. Wir können den *open set* aber auch als Warteschlange behandeln, indem wir die Kinder eines Knotens am Ende des aktuellen *open set* anfügen.

Damit erhalten wir Breitensuche, die sich dadurch auszeichnet, dass kein Knoten auf einer Ebene besucht wird, bevor nicht alle Knoten der vorherigen Ebene besucht wurden.

```
% breadth-first search with explicit open set

breadth_first(Solution) :-
     initial(Start),
     descendant([Start], Solution),
     final(Solution).

descendant([Node | _], Node).
descendant([Node | Open_Set1], Descendant) :-
     children(Node, Children),
     append(Open_Set1, Children, Open_Set2),
     descendant(Open_Set2, Descendant).
```

Bei der Breitensuche wird der Baum in der Reihenfolge

a, b, c, d, e, f, g, h, i, j, k, l, m, n, o

abgesucht.

Es ist verblüffend, dass eine kleine Änderung des Prädikats *descendant/2* - nämlich das Vertauschen der beiden ersten Argumente des Zieles *append/3* - ein grundsätzlich anderes Suchverhalten erzeugt.

7.5   Tiefensuche in zyklischen Graphen

Die bisher vorgestellten Methoden eignen sich zum Suchen in Bäumen, sie versagen jedoch bei zyklischen Graphen, da sie die gleichen Knoten immer wieder besuchen würden.

Hier das Beispiel eines zyklischen Graphen, den wir im folgenden verwenden werden.

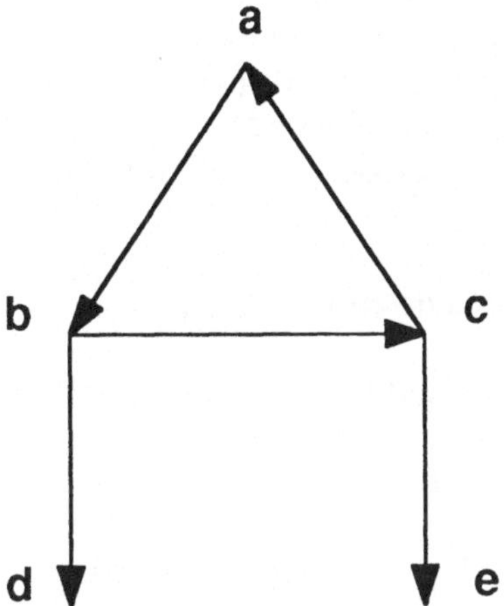

Der zyklische Graph ist durch die Relationen

    child(a, b).
    child(c, a).
    child(b, c).
    child(b, d).
    child(c, e).

    initial(a).

definiert. Wie vorher definieren wir die Endzustände durch

    final(_).

Um zyklische Graphen abzusuchen, müssen wir die Methoden noch
um den sogenannten *closed set* erweitern, der die Knoten enthält, die
schon besucht wurden. Mit Hilfe des *closed set* können wir verhindern, dass die Suche in Zyklen hängenbleibt. Der *closed set* kann auch
Knoten enthalten, die nicht besucht werden sollen.

Wenn wir die Kinder eines Knotens generiert haben, fügen wir nicht
wie vorher alle zum *open set* hinzu, sondern nur diejenigen, die
nicht im *closed set* enthalten sind. Diese 'neuen' Kinder werden dann
auch dem *closed set* hinzugefügt. Das Prädikat *filter(Children, Closed,
NewChildren)* liefert die Kinder *NewChildren* eines Knotens, die
nicht in *Closed* enthalten sind.

```
filter([Child | Children], Closed, NewChildren) :-
    member(Child, Closed),
    filter(Children, Closed, NewChildren).
filter([Child | Children], Closed, [Child | NewChildren]) :-
    not member(Child, Closed),
    filter(Children, Closed, NewChildren).
filter([], _, []).
```

Damit sieht die Tiefensuche nun so aus:

```
% depth-first search with explicit open and closed sets

depth_first(Solution) :-
    initial(Start),
    descendant([Start], [Start], Solution),
    final(Solution).

descendant([Node | _], _, Node).
descendant([Node | Open], Closed, Descendant) :-
    children(Node, Children),
    filter(Children, Closed, NewChildren),
    append(NewChildren, Closed, Closed1),
    append(NewChildren, Open, Open1),
    descendant(Open1, Closed1, Descendant).
```

Die Suche im zyklischen Graphen liefert die Lösungen in der
Reihenfolge

a, b, c, e, d

7.6   Breitensuche in zyklischen Graphen

Auch die Breitensuche kann um den *closed set* erweitert werden. Das
entsprechende Programm mit *open set* und *closed set* lautet

```
% breadth-first search with explicit open and closed sets

breadth_first(Solution) :-
    initial(Start),
    descendant([Start], [Start], Solution),
    final(Solution).
```

```
descendant([Node | _], _, Node).
descendant([Node | Open], Closed, Descendant) :-
        children(Node, Children),
        filter(Children, Closed, NewChildren),
        append(NewChildren, Closed, Closed1),
        append(Open, NewChildren, Open1),
        descendant(Open1, Closed1, Descendant).
```

Die Suche im zyklischen Graphen ergibt

a, b, c, d, e

7.7   Begrenzte Tiefensuche

Begrenzte Tiefensuche *(Bounded Depth-First Search)*

Die Tiefensuche ist sehr effizient, kann aber - anders als die weniger effiziente Breitensuche - bei Suchbäumen mit unendlichen Zweigen versagen.

Eine Methode, die die Vorteile der Tiefensuche und der Breitensuche kombiniert, ist die begrenzte Tiefensuche. Die Tiefensuche entlang eines Zweiges wird abgebrochen, sobald eine bestimmte, endliche Tiefe erreicht worden ist. Wenn keine Lösung gefunden wurde, wird Backtracking ausgelöst und die Suche in anderen Zweigen des Suchbaumes fortgesetzt. Da die Tiefenbegrenzung endlich ist, terminiert die begrenzte Tiefensuche, sofern jeder Knoten nur endlich viele Kinder hat.

Durch die Verbindung der Tiefensuche mit einer Tiefenbegrenzung erhalten wir eine ausserordentlich attraktive Suchmethode, die die Effizienz der Tiefensuche mit der Sicherheit der Breitensuche verbindet.

```
% depth-first search with depth bound
bounded_depth_first/2
bounded_depth_first(Bound, Solution) :-
        Bound ≥ 0,
        initial(Start),
        bounded_descendant(Bound, Start, Solution),
        final(Solution).
```

```
bounded_descendant(Bound, Node, Node).
bounded_descendant(Bound, Node, Solution) :-
     Bound_1 is Bound - 1,
     Bound_1 ≥ 0,
     child(Node, Child),
     bounded_descendant(Bound_1, Child, Solution).
```

Für den Beispiel-Baum (s. 7.1) erhält man

```
?- findall(X, bounded_depth_first(1, X), Xs).
X=_882, Xs=[a, b, c]
```

```
?- findall(X, bounded_depth_first(2, X), Xs).
X=_876, Xs=[a, b, d, e, c, f, g]
```

```
?- findall(X, bounded_depth_first(3, X), Xs).
X=_876, Xs=[a, b, d, h, i, e, j, k, c, f, l, m, g, n, o]
```

Im letzten Fall ergibt sich die gleiche Lösung wie bei einfacher
Tiefensuche.

Für den zyklischen Graphen (s. 7.5) findet man die folgenden
Lösungen

```
?- findall(X, bounded_depth_first(1, X), Xs).
X=_881, Xs=[a, b]
```

```
?- findall(X, bounded_depth_first(2, X), Xs).
X=_880, Xs=[a, b, c, d]
```

```
?- findall(X, bounded_depth_first(3, X), Xs).
X=_880, Xs=[a, b, c, a, e, d]
```

Man erhält alle Lösungen, jedoch einige mehrfach. Das legt nahe,
auch die begrenzte Tiefensuche mit einem *closed set* zu versehen.

```
% depth-first search with depth bound and closed set
bounded_depth_first/2
bounded_depth_first(Bound, Solution) :-
     Bound ≥ 0,
     initial(Start),
     bounded_descendant(Bound, Start, [Start], Solution),
     final(Solution).
```

```
bounded_descendant(Bound, Node, _, Node).
bounded_descendant(Bound, Node, Closed, Solution) :-
      Bound_1 is Bound - 1,
      Bound_1 ≥ 0,
      child(Node, Child),
      not member(Child, Closed),
      bounded_descendant(Bound_1, Child, [Child | Closed],
      Solution).
```

Wir erhalten nun

```
?- findall(X, bounded_depth_first(3, X), Xs).
X = _880, Xs = [a, b, c, e, d]
```

```
?- findall(X, bounded_depth_first(4, X), Xs).
X = _880, Xs = [a, b, c, e, d]
```

Wachsende Suchtiefe (*Iterative Deepening*)

Die begrenzte Tiefensuche findet Lösungen innerhalb der vorgegebenen Begrenzung. Wählt man sie allerdings zu klein, verpasst
man möglicherweise Lösungen. Wählt man die Begrenzung zu gross,
kann die Suche ineffizient werden. Man kann dieses Dilemma lösen,
indem man mit einer Folge von wachsenden Begrenzungen arbeitet
(*iterative deepening*).

```
iterative_deepening(Bound, Increment, Solution) :-
      bounded_depth_first(Bound, Solution).
iterative_deepening(Bound, Increment, Solution) :-
      Bound_1 is Bound + Increment
      iterative_deepening(Bound_1, Increment, Solution).
```

Die erste Suche arbeitet mit der Begrenzung *Bound*. Bei jeder weiteren
Suchrunde wird die Begrenzung *Bound* um *Increment* vergrössert.

Ein weiteres Prädikat *iterative_deepening/1* dient als einfaches
Interface und initialisiert die Tiefenbegrenzung und das Inkrement,
z.B. auf 0 und 1.

```
iterative_deepening(Solution) :-
      iterative_deepening(0, 1, Solution).
```

Im Fall des Baumes bringt das *iterative deepening* nach und nach alle
Lösungen.

```
?- iterative_deepening(Solution).
```

```
Solution=a              % Bound = 0
```

```
Solution=a              % Bound = 1
Solution=b
Solution=c
```

```
Solution=a              % Bound = 2
Solution=b
Solution=d
Solution=e
Solution=c
Solution=f
Solution=g
```

Irritierend ist, dass Lösungen, die für eine Begrenzung gefunden
wurden, für eine grössere Begrenzung erneut generiert werden. Das
kann man verhindern, wenn man berücksichtigt, dass es sich nur
dann um neue Lösungen handeln kann, wenn der aktuelle Wert der
Begrenzung (Argument *Bound* von *bounded_descendant/3*) kleiner
als das Inkrement ist.

Wir modifizieren die drei Prädikate *iterative_deepening/3*,
bounded_depth_first/3 und *bounded_descendant/3* entsprechend
und erhalten die endgültige Version des *iterative deepening*.

```
iterative_deepening(Bound, Increment, Solution) :-
    bounded_depth_first(Bound, Increment, Solution).
iterative_deepening(Bound, Increment, Solution) :-
    Bound_1 is Bound + Increment,
    iterative_deepening(Bound_1, Increment, Solution).

bounded_depth_first(Bound, Increment, Solution) :-
    Bound ≥ 0,
    initial(Start),
    bounded_descendant(Bound, Increment, Start, [Start],
    Solution),
    final(Solution).
```

```
bounded_descendant(Bound, Increment, Node, _, Node) :-
    Bound < Increment.                      % new solution?
bounded_descendant(Bound, Increment, Node, Closed, Solution) :-
    Bound_1 is Bound - 1,
    Bound_1 ≥ 0,
    child(Node, Child),
    not member(Child, Closed),
    bounded_descendant(Bound_1, Increment, Child,
    [Child | Closed], Solution).
```

Für den Baum (s. 7.1) erhalten wir

```
?- iterative_deepening(Solution).
```

```
Solution = a
Solution = b
Solution = c
Solution = d
Solution = e
Solution = f
Solution = g
Solution = h
Solution = i
Solution = j
Solution = k
Solution = l
Solution = m
Solution = n
Solution = o
```

und für den zyklischen Graphen (s. 7.5)

```
?- iterative_deepening(Solution).
```

```
Solution = a
Solution = b
Solution = c
Solution = d
Solution = e
```

In beiden Fällen werden alle Lösungen tatsächlich nur einmal
generiert, und zwar in der gleichen Reihenfolge wie bei der
Breitensuche.

7.8   Beispiele

Suchverfahren werden gerne an Spielen und Rätselfragen demonstriert. Zwei von ihnen sollen vorgestellt werden: das Kannibalen-Missionar-Problem und das Achterspiel.

Kannibalen-Missionar-Problem

Drei Missionare und drei Kannibalen wollen in einem Boot einen Fluss überqueren. Das Boot fasst höchstens zwei Personen. Die Überfahrt muss so arrangiert werden, dass sich nie mehr Kannibalen als Missionare auf einem Ufer befinden.

Jede Zustand ist durch die Position des Bootes am linken bzw. rechten Ufer und durch die Anzahl der Missionare und Kannibalen auf dem linken bzw. rechten Ufer gekennzeichnet.

Wir wählen die Darstellung

    state(B, M, C)

für einen Zustand. B steht für die Position des Bootes, M für die Zahl der Missionare und C für die Zahl der Kannibalen auf dem Ufer, an dem sich das Boot befindet. Dann sind folgenden Zustandsübergänge möglich.

```
% one missionary crosses the river
child(state(B1, M1, C1), state(B2, M2, C2)) :-
     M1 > 0,
     opposite(B1, B2),
     M2 is 4 - M1,
     C2 is 3 - C1,
     legal(state(_, M2, C2)).
```

```
% one cannibal crosses the river
child(state(B1, M1, C1), state(B2, M2, C2)) :-
     C1 > 0,
     opposite(B1, B2),
     M2 is 3 - M1,
     C2 is 4 - C1,
     legal(state(_, M2, C2)).
```

```prolog
% one missionary and one cannibal cross the river
child(state(B1, M1, C1), state(B2, M2, C2)) :-
     M1 > 0,
     C1 > 0,
     opposite(B1, B2),
     M2 is 4 - M1,
     C2 is 4 - C1,
     legal(state(_, M2, C2)).

% two missionaries cross the river
child(state(B1, M1, C1), state(B2, M2, C2)) :-
     M1 > 1,
     opposite(B1, B2),
     M2 is 5 - M1,
     C2 is 3 - C1,
     legal(state(_, M2, C2)).

% two cannibals cross the river
child(state(B1, M1, C1), state(B2, M2, C2)) :-
     C1 > 1,
     opposite(B1, B2),
     M2 is 3 - M1,
     C2 is 5 - C1,
     legal(state(_, M2, C2)).
```

Die folgenden Hilfsprädikate wurden definiert.

```prolog
% the boat is either left or right
opposite(left, right).
opposite(right, left).

% a state is legal if there are no more cannibals than
% missionaries on one side
legal(state(_, M, C)) :-
     legal_number(M, C),
     M1 is 3 - M,
     C1 is 3 - C,
     legal_number(M1, C1).

legal_number(M, C) :-
     M > 0,
     M >= C.
legal_number(0, C).
```

Anfangs- und Endzustand sind durch

>   initial(state(left, 3, 3)).

>   final(state(right, 3, 3)).

gegeben.

Ein Lösungsweg geht über die 12 Zustände

>   state(left, 3, 3)
>   state(right, 1, 1)
>   state(left, 3, 2)
>   state(right, 0, 3)
>   state(left, 3, 1)
>   state(right, 2, 2)
>   state(left, 2, 2)
>   state(right, 3, 1)
>   state(left, 0, 3)
>   state(right, 3, 2)
>   state(left, 1, 1)
>   state(right, 3, 3)

Die Suchverfahren untersuchen meistens noch zusätzliche Zustände, die nicht zum Lösungsweg beitragen. Es ist daher aufschlussreich, zu vergleichen, wieviele Zustände zusätzlich untersucht werden, wie lange die Suche dauert, und insbesondere wieviel Zeit pro Zustand benötigt wird. Da die gemessenen Zeitwerte von der Implementation abhängen, sind nur relative Grössenordnungen interessant.

Suchmethode	Zeit [1/60s]	Zustände	Zeit/Zustand
Tiefensuche mit open & closed sets	18	13	1.4
Breitensuche mit open & closed sets	21	15	1.4
Begrenzte Tiefensuche	6	14	.4
Iterative Deepening	7	16	.4

Achterspiel

Nun ein Beispiel mit einem sehr viel grösseren Suchraum: das Achterspiel *(8-puzzle)*. Es besteht aus einem kleinen Brett mit 3x3 Feldern, auf denen sich 8 numerierte Steine befinden. Ein Platz ist frei.

Ein Zug besteht darin, einen Stein auf den benachbarten leeren Platz zu verschieben.

Gegeben sind eine Anfangskonfiguration, z.B.

     1   2   3

     4   5   6

     7   8   -

die durch eine Anzahl von Zügen in eine Endkonfiguration, z.B.

     1   2   3

     8   -   4

     7   6   5

transformiert werden soll.

Eine einfache Darstellung der Zustände verwendet eine Liste für jede Konfiguration, z.B. für den Anfangszustand die Liste

    [1, 2, 3, 4, 5, 6, 7, 8, empty]

und für den Endzustand die Liste

    [1, 2, 3, 8, empty, 4, 7, 6, 5]

Entsprechend werden die Übergänge dargestellt, z.B.

    child([1, 2, 3, 4, 5, 6, 7, 8, empty], [1, 2, 3, 4, 5, empty, 7, 8, 6])

Das Achterspiel wurde mit den gleichen Suchverfahren 'gespielt' wie das Kannibalen-Missionar-Problem. Die Breitensuche endete innerhalb des vorhandenen Speichers nicht .

Es ergaben sich die folgenden Resultate.

Suchmethode	Zeit [1/60s]	Zustände	Zeit/Zustand
Tiefensuche mit open & closed sets	22915	1067	21.5
Begrenzte Tiefensuche	68	254	.3
Iterative Deepening	283	894	.3

Die Tiefensuche ist offensichtlich für dieses Problem überhaupt nicht geeignet.

Insbesondere im zweiten Beispiel fällt auf, dass die Zeit pro Knoten verhältnismässig wenig vom Verfahren abhängt, die Zahl der besuchten Knoten jedoch stark. Daher ist es wichtig, den Suchraum genau zu verstehen und ihn allenfalls durch eine geignete Wahl der Zustände und Übergänge zu verkleinern. Wichtig ist es auch, eine Methode zu wählen, die die wenigsten Knoten besucht.

Dazu kann Wissen über das zu lösende Problem beitragen Die vorgestellten Suchverfahren sind blind, da die Kindknoten in der Reihenfolge abgesucht werden, in der sie erzeugt wurden. Wenn wir abschätzen können, wie weit wir noch von einer Lösung entfernt sind, ist es nützlich, die Kindknoten in geeigneter Reihenfolge anzuordnen, um möglichst effizient zu einer Lösung zu kommen. Für die Tiefensuche wird diese Methode der 'lokalen' Optimierung *hill climbing* genannt. Sortieren des gesamten *open set* ergibt eine 'globale' Optimierung. Für die Breitensuche führt das zur Suchmethode *best first*.

8 Logische Grammatiken

Bisher sind wir davon ausgegangen, dass die logische Programmierung aus dem automatischen Beweisen von Theoremen entstand. Tatsächlich gibt es - mindestens für Prolog - noch eine zweite Wurzel, die zur gleichen Zeit und gleich stark zur Entwicklung beigetragen hat. Während Kowalski sich in Edinburgh mit der Mechanisierung von Beweisen beschäftigte, arbeitete Colmerauer in Marseille an der Darstellung von Grammatiken für die Verarbeitung natürlicher Sprache. Kowalski besuchte Colmerauer anfangs der Siebzigerjahre in Marseille, und es ergab sich eine intensive Zusammenarbeit, aus der später Prolog entstand; Details der 'Geschiche Prologs' sind nicht genau bekannt. Wie auch immer: Prolog entstand zum Teil bei der Bearbeitung linguistischer Probleme und wird heute im grossen Masse von Linguisten verwendet.

Sprachen werden nach Chomsky in verschiedene Klassen eingeteilt, die eine Hierarchie bilden. Jede Klasse ist durch das Grammatikschema ihrer Sprachen und durch eine abstrakte Maschine gekennzeichnet. Die abstrakten Maschinen - genannt Parser - erkennen die grammatischen Bestandteile (lat. pars = Teil) eines Satzes der Sprache und analysieren seine grammatische Struktur. Akzeptoren sind einfache Parser, die nur prüfen, ob ein Satz grammatisch korrekt ist.

8.1 Kontextfreie Sprachen

Eine grosse Klasse von Sprachen wird kontextfrei genannt. Kontextfreie Sprachen werden durch Kellerautomaten *(push-down automata)* verarbeitet, und ihre Grammatik ähnelt sehr der bekannten Backus-Naur Form *(BNF)*.

Eine kontextfreie Grammatik ist eine Menge von Produktionsregeln, die rekursiv die Ausdrücke der Sprache *(phrases)* aus anderen

Ausdrücken (Nicht-Terminale) und elementaren Ausdrücken (Terminalen) definiert. Eine Produktionsregel

$$N \rightarrow V_1, V_2, \ldots, V_n$$

in der N ein Nichtterminal und die V_i Terminale oder Nichtterminale sind, bedeutet:

Wenn die Ausdrücke $v_1, v_2, \ldots, v_n$ vom Typ $V_1, V_2, \ldots, V_n$ sind, dann ist die Konkatenation $v_1 \mid\mid v_2 \mid\mid \ldots \mid\mid v_n$ vom Typ N.

Wenn ein Ausdruck v_i vom Typ V_i ist, dann ist entweder v_i identisch mit dem Terminal V_i oder ist vom Typ des Nichtterminals V_i.

Als Beispiel die Grammatik eines kleinen Ausschnitts der englischen Sprache:

```
s     ->    np, vp
np    ->    det, n, rel
np    ->    pn
rel   ->    ε
rel   ->    that, vp
vp    ->    tv, np
vp    ->    i v
pn    ->    teresa
det   ->    a
n     ->    cat
i v   ->    purrs
t v   ->    feeds
```

Dabei bedeutet

```
s       sentence
np      noun phrase
vp      verb phrase
det     determiner
n       noun
rel     relative clause
pn      proper noun
ε       empty
t v     transitive verb
i v     intransitive verb
```

Diese Regeln erlauben, Ausdrücke wie 'teresa feeds a cat that purrs' oder 'a cat purrs' als grammatisch korrekt und vom Typ *s* zu klassifizieren. Das ist besonders leicht zu sehen, wenn wir den Vorgang der Klassifikation *(parsing)* graphisch durch den Ableitungsbaum *(parse tree)* darstellen.

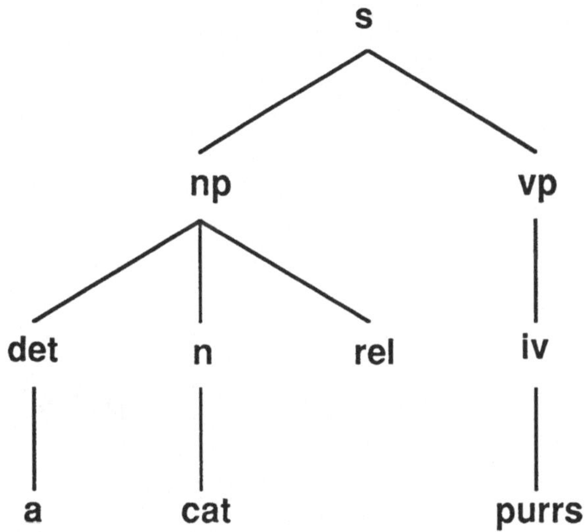

Jeder Knoten mit seinen Kindknoten entspricht der Anwendung einer Regel. Die Blätter des Baums entsprechen den Terminalen, die inneren Knoten den Nichtterminalen. Dieser Ableitungsbaum entspricht dem Nachweis, dass der Ausdruck 'a cat purrs' grammatisch korrekt und vom Typ *s* ist.

Jede Ableitung des Ableitungsbaum für einen Ausdruck muss die Regeln in irgendeiner Reihenfolge verwenden. Wir können *top down, bottom up, depth first, breadth first* oder sonst irgendwie vorgehen. Jede Methode, die den Ableitungsbaum erzeugt, wird eine Ableitung des Ausdrucks genannt.

8.2 Axiomatisierung der kontextfreien Grammatik

Die Elemente des Ausdrucks 'a cat purrs' stehen in einer ganz bestimmten Reihenfolge. Wir können die Elemente des Ableitungsbaums daher nicht nur als Klassifikatoren von Ausdrücken, sondern auch als Relationen bezüglich der Positionen der einzelnen Ausdrücke innerhalb des Ausdrucks verstehen, wobei

jede Position einen Ausdruck in Unterausdrücke aufteilt, die verbunden wieder den Ausdruck ergeben.

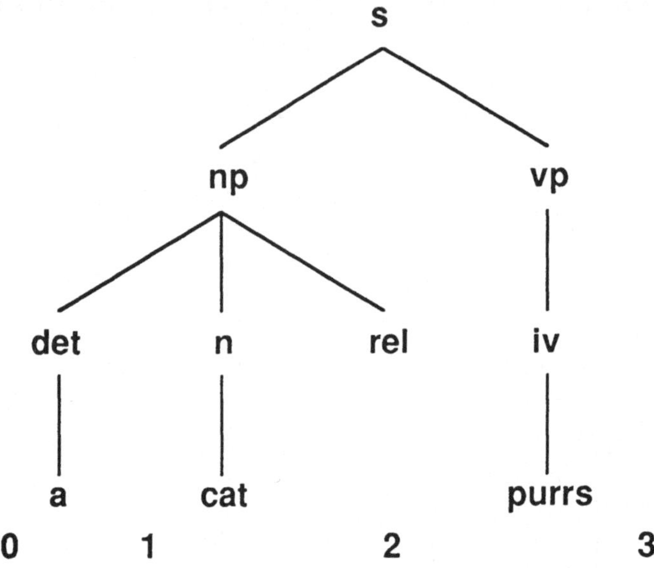

Die Position *1* z.B. teilt den Ausdruck 'a cat purrs' in die
Unterausdrücke 'a' und 'cat purrs'.

Ebenso können die Nichtterminale als Relationen der Positionen
interpretiert werden, z.B. das Nichtterminal *np* als Relation der
Positionen *0* und *2*. Wir schreiben formal *np(0,2)*. Die leere
Relativklausel wird durch *rel(2,2)* bezeichnet.

Für den gesamten Satz gilt *s(0,3)*, da das Nichtterminal *s* die
Positionen zwischen *0* und *3* abdeckt.

Wir können daher die Produktionsregeln der kontextfreien
Grammatik

$$N \rightarrow V_1, V_2, \ldots, V_n$$

in der folgenden Weise axiomatisieren:

$$V_1(p_0, p_1) \wedge V_2(p_1, p_2) \wedge \ldots \wedge V_n(p_{n-1}, p) \Rightarrow N(p_0, p)$$

Wenn sich ein V_1 zwischen den Positionen p_0 und p_1 befindet, und ein V_2 zwischen den Positionen p_1 und p_2, und ..., und ein V_n zwischen den Position p_{n-1} und p, dann befindet sich ein N zwischen den Positionen p_0 und p.

Diese Darstellung ist aber eine definite Klausel. In Prolog-Notation

    N(P0, P) :- V1(P0, P1), V2(P1, P2), ... , Vn(Pn_1, P).

Damit können wir unsere kontextfreie Grammatik in Prolog umschreiben.

    s(P0, P)   :- np(P0, P1), vp(P1, P).
    np(P0, P) :- det(P0, P1), n(P1, P2), rel(P2, P).
    np(P0, P) :- pn(P0, P).
    rel(P, P).
    rel(P0, P) :- connects(that, P0, P1), vp(P1, P).
    vp(P0, P) :- tv(P0, P1), np(P1, P).
    vp(P0, P) :- iv(P0, P).
    pn(P0, P) :- connects(teresa, P0,P).
    det(P0, P) :- connects(a, P0,P).
    n(P0, P)   :- connects(cat, P0,P).
    iv(P0, P) :- connects(purrs, P0,P).
    tv(P0, P) :- connects(feeds, P0,P).

Das Prädikat *connects(Word, Position1, Position2)* bedeutet, dass das Terminal 'Word' zwischen den benachbarten Positionen *Position1* und *Position2* liegt.

Wir können den Ausdruck 'a cat purrs' als Prolog-Fakten

    connects(a, 0, 1).
    connects(cat, 1, 2).
    connects(purrs, 2, 3).

schreiben und Prolog fragen

    ?- s(0,3).

Die Anfrage gelingt, d. h. die Relation *s* gilt zwischen den Positionen 0 und 3.

Nach der Axiomatisierung der kontextfreien Grammatik und der zu parsenden Ausdrücke als definite Klauseln, kann die Grammatik zusammen mit dem Prolog-Interpreter als Akzeptor dieser Ausdrücke verwendet werden. Damit erhalten wir *top down, depth first, left to right* Ableitungen der Ausdrücke. Diese Art des Parsings wird *recursive descent* genannt.

Der oben gebrauchte Begriff 'Nachweis der Grammatikalität' wird nun auch klarer, denn der Ableitungsbaum ist identisch mit dem Beweisbaum, den Prolog für die Beantwortung der Frage *?- s(0,3)* erzeugt.

8.3   Darstellung von Ausdrücken durch Listen

Wir können die Positionen innerhalb eines Ausdrucks auch mit Hilfe von Listen darstellen.

    connects(Word, [Word I Rest], Rest).

Die Position innerhalb eines Ausdrucks ist effektiv durch den Rest- ausdruck definiert, der auf die Position folgt. Wir können *[Word I Rest]* und *Rest* als Kopf und Schwanz einer Differenzliste verstehen.

Diese Definition erlaubt uns, einen zu parsenden Ausdruck als Liste

    [a, cat, purrs]

anstelle durch eine Reihe von *connects* -Klauseln zu definieren.

Damit können wir auch Fragen einfacher formulieren.

    ?- s([a, cat, purrs], Rest).
    Rest=[]

Der Rest ist die leere Liste, da beim Parsing der gesamte Ausdruck 'aufgebraucht' wurde. Dagegen ergibt

    ?- np([a, cat, purrs], Rest).
    Rest=[purrs]

Nur die ersten beiden Worte werden als Ausdruck *np (noun phrase)* identifiziert, der 'unverbrauchte' Rest wird zurückgegeben.

8.4 Weitere Argumente: Numerus

Wir können die Prädikate unserer Grammatik über die Positionsargumente hinaus mit zusätzlichen Argumenten versehen, die z.B. den Typ des jeweiligen Ausdrucks definieren.

Wenn wir zwischen Singular und Plural unterscheiden wollen, versehen wir Prädikate mit dem zusätzlichen Argument *Number*, das dafür sorgt, dass Singular- bzw. Pluralausdrücke korrekt miteinander gepaart werden.

```
s(P0, P)            :-  np(Number, P0, P1), vp(Number, P1, P).
np(Number, P0, P)   :-  pn(Number, P0, P).
vp(Number, P0, P)   :-  tv(Number, P0, P1), np(_, P1, P).
vp(Number, P0, P)   :-  iv(Number, P0, P).
pn(singular, P0, P) :-  connects(teresa, P0,P).
pn(plural, P0, P)   :-  connects(they, P0,P).
pn(singular, P0, P) :-  connects(cat, P0,P).
pn(plural, P0, P)   :-  connects(cats, P0,P).
iv(singular, P0, P) :-  connects(purrs, P0,P).
iv(plural, P0, P)   :-  connects(purr, P0,P).
tv(singular, P0, P) :-  connects(feeds, P0,P).
tv(plural, P0, P)   :-  connects(feed, P0,P).
```

Wir können nun Fragen mit Singular- und Pluralformen stellen.

```
?- s([teresa, feeds, cats], []).
Yes

?- s([teresa, feed, cats], []).
No

?- s([they, feed, cats], []).
Yes
```

8.5 Definite Clause Grammars (DCGs)

Die Prolog-Grammatiken mit zwei Positions-Argumenten sind eine direkte Umsetzung kontextfreier Grammatiken. Die gerade eingeführte Prolog-Grammatik mit dem zusätzlichem Argument *Number* ist dagegen ein Beispiel einer Grammatik aus einer grösseren Klasse, die *definite clause grammars (DCG)* genannt wird. Definite Clause

Grammars stellen eine Verallgemeinerung der kontextfreien
Grammatiken dar, in der es auch möglich ist - wie am Beispiel
Numerus vorgeführt - Kontextsensitivität zu erfassen.

Die Prolog-Grammatik des vorigen Abschnitts ist eine
Axiomatisierung der Definite Clause Grammar

```
s              ->   np(Number), vp(Number)
np(Number)     ->   pn(Number)
vp(Number)     ->   tv(Number), np(Number1)
vp(Number)     ->   iv(Number).
pn(singular)   ->   teresa
pn(plural)     ->   they
pn(singular)   ->   cat
pn(plural)     ->   cats
iv(singular    ->   purrs
iv(plural)     ->   purr
tv(singular)   ->   feeds
tv(plural)     ->   feed
```

Ein Nichtterminal einer DCG kann Argumente wie irgendein
normales Prolog-Prädikat haben, ein Terminal kann ein beliebiger
Prolog-Term sein. Die Bedeutung einer Regel einer DCG findet man,
indem man sie in die entsprechende definite Klausel übersetzt und
dabei aus einem n-stelligen Prädikat ein n+2-stelliges macht. Die
zusätzlichen zwei Argumente stellen Positionen innerhalb eines
Ausdruckes dar und werden als letzte geschrieben. Der Kopf der
definiten Klausel erhält die Positionsargumente $(... , P0, P)$; die Ziele
des Körpers der definiten Klausel werden mit den verketteten
Positionsargumenten $(... , P0, P1), (... , P1, P2), ..., (... , Pn\_1, P)$
versehen. Diese Numerierung der Positionsargumente ist de facto
standardisiert.

8.6   Grammatikregeln

Der Übergang von einer DCG zu der entsprechenden Menge definiter
Klauseln ist einfach, aber mühsam. Daher haben viele Prolog-
Implementationen die Notation der Grammatikregeln *(grammar
rules)* eingeführt. Während des Einlesens werden Grammatikregeln
automatisch in die entsprechenden definiten Klauseln mit den zusätzlichen Argumenten übersetzt und in dieser Form gespeichert.

Für Grammatikregeln gilt die folgende Grammatik, geschrieben als
Grammatikregeln:

```
grammar_rule -->
    grammar_head,
    [ --> ],
    grammar_body.

grammar_head -->
    non_terminal,
    ( [ ',' ], terminal | [ ] ).

grammar_body -->
    grammar_goals,
    ( [ ';' ], grammar_body | [ ] ).

grammar_goals -->
    grammar_goal,
    ( [ '->' ], grammar_goal | [ ] ).

grammar_goal -->
    grammar_item,
    ( [ ',' ], grammar_goal | [ ] ).

grammar_item -->
    variable
  | non_terminal
  | terminal
  | [ '!' ]
  | [ '(' ], grammar_body, [ ')' ]
  | [ '{' ], prolog_body, [ '}' ].

non_terminal -->
    /* callable term */.

terminal -->
    [ '[', ']' ]
  | [ '[' ], terminals, [ ']' ].

terminals -->
    /* any term */
    ( [ ',' ], terminals | [ ] ).
```

Der Pfeil in der Grammatikregel ist -->. Er ist für Prolog das Signal, das es sich um Grammatikregeln handelt, die entsprechend übersetzt werden müssen. Alle Terme entsprechen der normalen Prolog-Syntax. Terminale werden in eckigen Klammern *[* und *]* geschrieben, der leere Ausdruck ist die leere Liste *[]*. Alternativen werden durch einen senkrechten Strich getrennt. Ziele in geschweiften Klammern *{ }* werden unverändert übernommen, d.h. nicht mit Positions-parametern versehen.

Ein häufiger Fehler ist es, anstelle von

    terminals --> terminal, terminals.
    terminals --> [ ].

fälschlicherweise

    terminals --> terminal, terminals.
    terminals.

zu schreiben. Die letzte Klausel ist keine Grammatikregel. Der leere Ausdruck muss explizit angegeben werden.

Auch unsere kontextfreie Grammatik (s. 8.1), die nur ein Spezialfall einer DCG ist, können wir als Grammatikregeln schreiben.

    s   -->   np, vp.
    np   -->   det, n, rel.
    np   -->   pn.
    rel   -->   [].
    rel   -->   [that], vp.
    vp   -->   tv, np.
    vp   -->   iv.
    pn   -->   [teresa].
    det   -->   [a].
    n   -->   [cat].
    iv   -->   [purrs].
    tv   -->   [feeds].

Auf die Anfrage

    ?- s([teresa, feeds, a, cat, that, purrs], R).

erhalten wir zwei mögliche Lösungen

    R=[that, purrs]
    R=[]

denn auch 'teresa feeds a cat' ist nach der Grammatik bereits ein vollständiger Satz.

8.7   Ableitungsbäume

Bisher haben wir immer nur erfahren, ob ein Beispielsatz grammatisch korrekt oder nicht korrekt ist. Wir wollen nun die Grammatikregeln um Argumente erweitern, die den Ableitungsbaum (*parse tree*) in der Form eines Prolog-Terms generieren.

Jedes Nichtterminal erhält ein zusätzliches Argument, das den Ableitungsbaum für den Teil beschreibt, der durch das Nichtterminal abgedeckt wird. Dieses Argument hat den gleichen Funktornamen wie das Nichtterminal, z.B.

    s(s(NP, VP))

Für den leeren Ableitungsbaum wird *epsilon* geschrieben. Für die kontextfreie Grammatik ergibt sich

    s(s(NP, VP))   -->   np(NP), vp(VP).
    np(np(Det, N, Rel))   -->   det(Det), n(N), rel(Rel).
    np(np(PN))   -->   pn(PN).
    rel(rel(epsilon))   -->   [ ].
    rel(rel(that, VP))   -->   [that], vp(VP).
    vp(vp(TV, NP))   -->   tv(TV), np(NP).
    vp(vp(IV))   -->   iv(IV).
    pn(pn(teresa))   -->   [teresa].
    det(det(a))   -->   [a].
    n(n(cat))   -->   [cat].
    iv(iv(purrs))   -->   [purrs].
    tv(tv(feeds))   -->   [feeds].

Die Anfrage

    ?- s(Tree, [teresa, feeds, a, cat, that, purrs], R).

ergibt die zwei Antworten

```
Tree=s(np(pn(teresa)),
        vp(tv(feeds),
            np(det(a),
                n(cat),
                rel(epsilon))))),
R=[that, purrs]


Tree=s(np(pn(teresa)),
        vp(tv(feeds),
            np(det(a),
                n(cat),
                rel(that,
                    vp(iv(purrs)))))))),
R=[]
```

8.8   Prolog-Ziele in Grammatikregeln

In der abstrakten DCG gibt es ausser dem Informationsfluss zwischen Unterausdrücken, der durch gemeinsame Variablen entsteht, keine anderen Möglichkeiten für Berechnungen. Die Grammatikregeln gehen jedoch darüber hinaus. Wir können nämlich in den Körper einer Grammatikregel beliebige Prolog-Ziele in geschweiften Klammern einfügen.

Dazu ein Beispiel.

Der Teil der Grammatikregeln, der die Terminale beschreibt, wird Lexikon genannt. Für jeden Eintrag im Lexikon wird eine Regel der Form

```
n --> [cat].
```

benötigt. Für ein grosses Lexikon gibt es eine entsprechend grosse Anzahl von primitiven Grammatikregeln. Einfacher wird die Darstellung durch eine einzige lexikalische Grammatikregel

```
n --> [Word], {n(Word)}.
```

verbunden mit einer Wortliste der Form

```
n(cat).
n(book).
...
```

Mit Hilfe des lexikalischen Eintrags

```
n(Number) --> [Word], {n(Word, Number)}.
```

erhalten wir den Numerus eines Worts aus einer tabellarisch ange-
legten Wortliste

```
n(cat, singular).
n(cats, plural).
...
```

Eine andere Lösung ist

```
n(singular)  --> [Word], {n(Word, _)}.
n(plural)    --> [Word], {n(_, Word)}.
```

mit der Wortliste

```
n(cat, cats).
n(book, books).
n(man, men).
...
```

Und noch eine dritte Methode, den Plural zu bilden

```
n(plural, n(Root_of_Word)) -->
        [Word],
      { n(Root_of_Word, singular),
        name(Root_of_Word, S_Name),
        append(S_Name, "s", P_Name),
        name(N, P_Name)}.

n(cat, singular).
n(book, singular).
...
```

Man 'berechnet' den Plural aus dem Singular. Für die unregel-
mässigen Pluralformen müssen zusätzliche Regeln eingeführt
werden. Diese letzte Methode ist aufwendiger, da sowohl in der

Wortliste gesucht, wie eine Berechnung durchgeführt werden muss. Am einfachsten, flexibelsten und effizientesten ist wohl die Wortliste, die Singular- und Pluralformen enthält.

8.9   Systemprädikat *phrase/[2, 3]*

In vielen Prolog-Implementationen existiert ein Prädikat *phrase/2*, das feststellt, ob ein Ausdruck von einem bestimmten syntaktischen Typ ist. Das Prädikat *phrase/3* liefert den 'ungebrauchten' Rest zurück.

```
% phrase(Phrase_Type, List) :- List can be parsed
% as a phrase of type Phrase_Type

% phrase(Phrase_Type, List, Rest) :- the difference
% between List and Rest can be parsed as a phrase
% of type Phrase_Type

?- phrase(s, [teresa, feeds, a, cat, that, purrs], Rest).
Rest = [that, purrs]              ;
Rest = []                         ;
No more solutions

?- phrase(np, [teresa, feeds, a, cat, that, purrs], Rest).
Rest = [feeds, a, cat, that, purrs]   ;
No more solutions
```


8.10   Beispiele

Als erstes Beispiel eine Grammatik für englische Zahlen bis 999 in Worten, die gleichzeitig die entsprechenden Zahlen in Ziffern erzeugt.

Eine Zahl ist entweder Null oder zwei- oder dreistellig.

```
number(0)   -->   [zero].
number(N)   -->   xxx(N).
number(N)   -->   xx(N).
```

Eine dreistellige Zahl besteht aus einer Zahl *D*, gefolgt vom Wort 'hundred' und einen Rest *N1*.

```
xxx(N)   -->   digit(D), [hundred], rest_xxx(N1), {N is D*100 + N1}.
```

Das Prolog-Ziel in {} prüft, ob *D* und *N1* korrekt gewählt werden.

Der Rest der dreistelligen Zahl ist entweder leer oder 'and' gefolgt von einer maximal zweistelligen Zahl.

```
rest_xxx(0)  -->  [].
rest_xxx(N)  -->  [and], xx(N).
```

Eine maximal zweistellige Zahl ist eine einzelne Ziffer, eine Zahl zwischen 10 und 19, oder ein Vielfaches T von 10 gefolgt von einem Rest N1 Wiederum sorgt das Prolog-Ziel in {} für eine korrekte Wahl von T und N1.

```
xx(N)  -->  digit(N).
xx(N)  -->  teen(N).
xx(N)  -->  tens(T), rest_xx(N1), {N is T + N1}.
```

Der Rest einer zweistelligen Zahl ist entweder leer oder eine Ziffer.

```
rest_xx(0)   -->  [].
rest_xx(N)   -->  digit(N).
```

Es folgen die lexikalischen Einträge.

```
digit(1)   -->  [one].
digit(2)   -->  [two].
digit(3)   -->  [three].
digit(4)   -->  [four].
digit(5)   -->  [five].
digit(6)   -->  [six].
digit(7)   -->  [seven].
digit(8)   -->  [eight].
digit(9)   -->  [nine].

teen(10)   -->  [ten].
teen(11)   -->  [eleven].
teen(12)   -->  [twelve].
teen(13)   -->  [thirteen].
teen(14)   -->  [fourteen].
teen(15)   -->  [fifteen].
teen(16)   -->  [sixteen].
teen(17)   -->  [seventeen].
teen(18)   -->  [eighteen].
```

```
teen(19)   -->   [nineteen].

tens(20)   -->   [twenty].
tens(30)   -->   [thirty].
tens(40)   -->   [forty].
tens(50)   -->   [fifty].
tens(60)   -->   [sixty].
tens(70)   -->   [seventy].
tens(80)   -->   [eighty].
tens(90)   -->   [ninety].
```

Wir können nun eine englische Zahl erkennen und in den entsprechenden Zahlenwert umwandeln, z.B

```
?- phrase(number(N), [one, hundred, and, twenty, seven]).
N = 127
```

Die Grammatik kann auch in der umgekehrten Richtung zur Generierung von englischen Zahlen verwendet werden.

```
?- phrase(number(127), L).
L = [one, hundred, and, twenty, seven]
```

Allerdings ist das Verfahren ausserordentlich ineffizient, da eine Zahl nach der anderen generiert und dann auf Korrektheit getestet wird.

Das folgende Beispiel basiert auf einer Grammatik von K. Johnson, die englische Zeitangaben in Worten versteht und die entsprechenden Stunden und Minuten in Ziffern generiert. Diese Grammatik verwendet die Grammatik der englischen Zahlen.

Zuerst die Spezialfälle volle Stunde, Mittag und Mitternacht:

```
time(H : 0)   -->   hour(H), [o_clock].
time(H : 0)   -->   named_time(H).
```

Die Spezialfälle 'quarter past', 'half past' und 'quarter to':

```
time(H : 15) -->   [a,quarter,past], hour(H).
time(H : 30) -->   [half,past], hour(H).
time(H : 45) -->   [a,quarter,to], hour(Hp),
                   {(Hp = 1 -> H = 12 ; H is Hp - 1)}.
```

Die allgemeinen Fälle 'past' und 'to':

```
time(H : M) -->   number(M), minutes, [past], hour(H),
                  {M >= 1, M =< 29}.
time(H : M) -->   number(Mp),minutes,[to],hour(Hp),
                  {Mp >= 1, Mp =< 29, M is 60 - Mp,
                  (Hp = 1 -> H = 12 ; H is Hp - 1)}.
```

Die Stundenangaben:

```
hour(I)    -->   number(I), {I >= 1, I =< 12}.
hour(I)    -->   named_time(I).
```

Lexikalische Einträge:

```
named_time(12)    -->    [midnight].
named_time(12)    -->    [noon].

minutes  -->  [minutes].
minutes  -->  [].
```

Einige Anfragen:

```
?- phrase(time(H : M), [a, quarter, past, seven]).

H = 7, M = 15

?- phrase(time(H : M), [seven, minutes, past, midnight]).

H = 12, M = 7
```

Auch diese Grammatik funktioniert umgekehrt:

```
?- phrase(time(6 : 45), L).

L = [a, quarter, to, seven]
```

In beiden Beispielen waren die Grammatiken umkehrbar; sie konnten sowohl eine Aussage analysieren, wie eine Aussage generieren. Die Umkehrung funktioniert jedoch nur, weil beide Grammatiken keine rekursiven Regeln enthalten.

9   Metainterpreter

Zu den interessantesten Anwendungen von Prolog gehören Interpreter. Anstatt ein Problem direkt durch ein Prolog-Programm zu lösen, entwickelt man eine problemspezifische Sprache und einen Interpreter für diese Sprache in Prolog. Einige der besprochenen Programme können als Interpreter verstanden werden. Die Suchprogramme (s. 7) sind z.B. Interpreter der Sprache mit den Elementen *initial, child* und *final*.

Wenn die Sprache, die der in Prolog geschriebene Interpreter interpretiert, wiederum Prolog ist, entsteht ein sogenannter metazirkulärer Interpreter, kurz Metainterpreter. Ein Metainterpreter ist normalerweise in einer Teilmenge von Prolog implementiert und interpretiert eine andere Teilmenge. Wünschenswert ist es, dass ein Metainterpreter die eigene Implementationssprache versteht, d.h. sich selbst interpretieren kann. Der deklarative Debugger (s. 6.11) beispielsweise besteht aus zwei Metainterpretern für reines Prolog.

Metainterpreter erlauben, Prolog in verschiedener Weise zu modifizieren oder zu erweitern. Man kann neue Sprachkonstrukte einführen, Prolog-Programme mit einer anderen Strategie ablaufen lassen, oder zusätzliche Informationen erzeugen und zur Verfügung stellen. Erkauft werden diese Möglichkeiten mit einer oft um eine Grössenordnung schlechteren Effizienz des Metainterpreters. Durch partielle Evaluation kann man den Effizienzverlust weitgehend kompensieren.

9.1   Interpreter für problem-spezifische Sprachen

9.1.1   Endlicher Automat

Wir wollen ein Beispiel etwas genauer ansehen. Reguläre Sprachen sind eine von Chomskys Sprachklassen. Sie sind weniger mächtig als kontextfreie Sprachen und werden von einfacheren abstrakten Maschinen als diese akzeptiert, nämlich von endlichen Automaten.

Ein endlicher Automat ist ein Quintupel *(Q, S, D, I, F)*. Dabei ist *Q* eine endliche Menge von Zuständen, *S* ist eine endliche Menge von Symbolen, *D* ist eine Abbildung *Q x S -> Q* (d.h. Symbole erzeugen Übergänge zwischen Zuständen des endlichen Automaten), *I* ist ein Anfangszustand und *F* ist eine Menge von Endzuständen.

Ein endlicher Automat, der die Strings 'yes' und 'no' akzeptiert, wird durch das folgende Zustandsdiagramm beschrieben. (Zustände werden durch Kreise, Übergänge durch Pfeile angedeutet.)

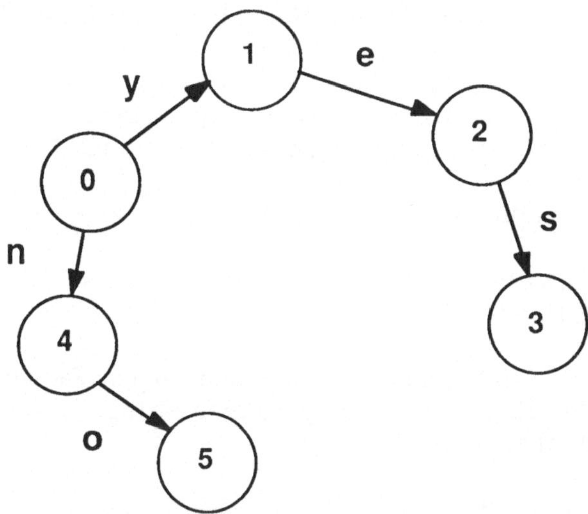

Es ist nützlich, die formale Beschreibung des endlichen Automaten in zwei Teile aufzuspalten. Der erste Teil besteht aus den Fakten, die den speziellen endlichen Automaten beschreiben.

```
% Data for the finite automaton which accepts the strings yes and
% no represented as lists of their component characters

initial(0).

final(3).
final(5).

delta(0, y, 1).
delta(1, e, 2).
```

    delta(2, s, 3).
    delta(0, n, 4).
    delta(4, o, 5).

Die Prädikate *initial/1*, *final/1* und *delta/3* stellen Elemente einer problemspezifischen Sprache dar. Das Prädikat *delta(i, C, j)* besagt, dass die Zustände *i* und *j* durch den Buchstaben *C* verknüpft sind. Die Prädikate *initial/1* und *final/1* definieren die Anfangs- bzw. Endzustände. Der spezielle endliche Automat, der die Strings 'yes' und 'no' akzeptiert, wird durch die oben aufgeführten Ausdrücke dieser Sprache beschrieben.

Der zweite Teil der formalen Beschreibung ist ein allgemeiner Interpreter, der die Sprache mit den Elementen *initial/1*, *final/1* und *delta/3* versteht.

    % accept(S) :- the string represented by the list S is accepted by the
    % NDFA defined by initial/1, delta/3, and final/1.

    accept(S) :- initial(Q), accept(Q, S).

    accept(Q, [X | Xs]) :- delta(Q, X, Q1), accept(Q1, Xs).
    accept(Q, []) :- final(Q).

Die Kombination des Interpreters mit den obigen Fakten ergibt einen Interpreter, der die als Listen dargestellten Strings 'yes' und 'no', aber keine anderen akzeptiert.

    ?- accept([y, e, s]).
    Yes

    ?- accept([n, o]).
    Yes

    ?- accept([n, o, t]).
    No

9.1.2   Partielle Evaluation des endlichen Automaten

Interessanterweise tauchen bei dieser Darstellung eines endlichen Automaten zwei Interpreter auf. Der erste Interpreter versteht die Sprache {*initial/1*, *final/1*, *delta/3*}. Der zweite Interpreter entsteht aus der Kombination des ersten mit den Ausdrücken {*initial(0)*, *final(3)*, *final(5)*, *delta(0, y, 1)*, *delta(1, e, 2)*, *delta(2, s, 3)*, *delta(0, n, 4)*, *delta(4, o, 5)*} der Sprache {*initial/1*, *final/1*, *delta/3*} und versteht die als Listen dargestellten Strings 'yes' und 'no'.

Diese Aufteilung ist elegant, flexibel und übersichtlich, aber sicher nicht effizient. Wenn wir nur an der Darstellung eines endlichen Automaten durch einen Interpreter interessiert sind, der die Strings 'yes' und 'no' akzeptiert, können wir durch eine Methode, die *partielle Evaluation (partial evaluation, partial deduction)* genannt wird, den ersten Interpreter mit den gegebenen speziellen Ausdrücken der Sprache {*initial/1*, *final/1*, *delta/3*} verschmelzen. Diese Methode bedeutet, dass wir bestimmte Resolutionsschritte schon während der Compilation eines Programms, nicht erst während der Ausführung machen.

Wenn ein Ziel A_i des Körpers einer Klausel

$$H :- A_1, ..., A_n$$

und der Kopf A einer Programmklausel

$$C = (A :- B_1, ... , B_m)$$

mit dem allgemeinsten Unifikator U unifizieren, dann können wir eine neue Klausel

$$(H :- A_1, ..., A_{i-1}, B_1, ..., B_m, A_{i+1}, ... , A_n)\ U.$$

ableiten, die *Resultante* genannt wird. Man sagt, dass das Ziel A_i bezüglich der Klausel C entfaltet wird (unfolding). Partielle Evaluation besteht aus einer Reihe von Entfaltungsschritten. Die partielle Evaluation von

    accept(S) :- initial(Q), accept(Q, S).

bezüglich

    initial(0).

liefert die Resultante

    accept(S) :- accept(0, S).

Die Klausel

    accept(Q, [X I Xs]) :- delta(Q, X, Q1), accept(Q1, Xs).

kann bezüglich jeder der fünf Fakten *delta(...)* partiell evaluiert
werden. Bezüglich

    delta(0, y, 1).

erhalten wir z.B.

    accept(0, [y I Xs]) :- accept(1, Xs).

Insgesamt erhalten wir durch partielle Evaluation die folgenden
Klauseln.

    accept(S) :- accept(0, S).

    accept(0, [y I Xs]) :- accept(1, Xs).
    accept(1, [e I Xs]) :- accept(2, Xs).
    accept(2, [s I Xs]) :- accept(3, Xs).
    accept(0, [n I Xs]) :- accept(4, Xs).
    accept(4, [o I Xs]) :- accept(5, Xs).
    accept(3, []).
    accept(5, []).

Dieser spezialisierte Interpreter repräsentiert einen endlichen
Automaten, der die Strings 'yes' und 'no' akzeptiert, aber effizienter
ist als die bisherige Lösung. Der endliche Automat, der die Sprache
{*initial/1, final/1, delta/3*} versteht, ist verschwunden.

    ?- accept([n, o]).
    Yes

    ?- accept([n, o, t]).
    No

Man könnte die erhaltenen Klauseln noch weiter gegeneinander
evaluieren, z.B. die erste bezüglich der zweiten, das Resultat bezüglich
der dritten, usw. Man erhält nacheinander

```
accept([y | Xs]) :- accept(1, Xs).

accept([y, e | Xs]) :- accept(2, Xs).

accept([y, e, s | Xs]) :- accept(3, Xs).

accept([y, e , s]).
```

Nach jeder partiellen Evaluation erhalten wir Klauseln, die einen endlichen Automaten darstellen, der die Strings 'yes' und 'no' akzeptiert. Die ursprünglichen Zustände werden nach und nach eliminiert.

Bei der partiellen Evaluation der Programmklauseln untereinander besteht allerdings die Gefahr von unendlicher Rekursion.

Für die partielle Evaluation kann man wiederum einen Interpreter verwenden (s. 9.5.3).

9.1.3   Vergleich endlicher Automat mit DCG

Es ist interessant, den endlichen Automaten, der die Strings 'yes' und 'no' (als Listen ihrer Buchstaben) akzeptiert, mit einer Definite Clause Grammar (DCG) zu vergleichen, die die gleiche Sprache beschreibt und akzeptiert.

```
accept --> [y,e,s].
accept --> [n,o].
```

Übersetzt in Prolog erhalten wir

```
accept(_1, _2) :-
      connects(y, _1, _3),
      connects(e, _3, _4),
      connects(s, _4, _2).
accept(_1, _2) :-
      connects( n, _1 _3),
      connects(o, _3, _2).
```

Die Ähnlichkeit der *connects*/3-Ziele mit *delta*/3 fällt ins Auge und wir sehen, dass die Positionsargumente der Grammatiken auch als aufeinanderfolgende Zustände interpretiert werden können.

9.2   Der einfachste Metainterpreter für Prolog

Der einfachste Metainterpreter für Prolog besteht nur aus einer
Klausel.

```
% prove1(Goal) :-
% Goal is true with respect to the Prolog program being
% interpreted

prove1(Goal) :- call(Goal).
```

Beispiel

```
?- prove1(append([1, 2], [3, 4], L)).
L = [1, 2, 3, 4]
```

Der Metainterpreter *prove1/1* kann sich auch selber interpretieren.

```
?- prove1(prove1(append([1, 2], [3, 4], L))).
L = [1, 2, 3, 4]
```

Dieser Metainterpreter ist jedoch nicht besonders interessant, da er
selber überhaupt nichts interpretiert, sondern nur den Prolog-
Interpreter aufruft.

9.3   Simulation von Prologs Ablaufstrategie

Der folgende Metainterpreter imitiert Prologs Ablaufstrategie.

```
% prove2(Goal) :-
% Goal is true with respect to the Prolog program being
% interpreted.
% The program is defined by clause/2.

prove2(true).
prove2((A,B)) :-
      prove2(A),
      prove2(B).
prove2(A) :-
      clause(A,B),
      prove2(B).
```

Das Ziel *true* ist wahr. Um ein konjunktives Ziel *(A,B)* zu beweisen, wird *A*, dann *B* bewiesen. Um ein Ziel *A* zu beweisen, wird eine Programmklausel gesucht, deren Kopf mit dem Ziel *A* unifiziert; dann wird rekursiv der Körper *B* dieser Klausel bewiesen. Die zweite und dritte Klausel implementieren Prologs Ablaufstrategie, die durch das Abarbeiten der Ziele von links nach rechts, das Absuchen der Programmklauseln von oben nach unten, Tiefensuche und Rücksetzen *(backtracking)* gekennzeichnet ist.

Die beiden Metainterpreter *prove1/1* und *prove2/1* unterscheiden sich durch den Anteil an der Abarbeitung einer Anfrage, den sie explizit selber übernehmen, und den Anteil, den sie dem Prolog-Interpreter überlassen. Der Metainterpreter *prove1/1* überlässt alles dem Prolog-Interpreter. Der Metainterpreter *prove2/1* implementiert explizit die Abarbeitung konjunktiver Ziele, überlässt hingegen dem Prolog-Interpreter die Auswahl der Programmklausel, mit der unifiziert werden soll, Unifikation, Tiefensuche und Backtracking.

Zugriff haben wir nur zu dem Anteil, der vom Metainterpreter explizit geleistet wird. Im ersten Fall haben wir gar keinen Zugriff, können also auch nichts verändern. Im zweiten Fall können wir die Reihenfolge ändern, in der konjunktive Ziele abgearbeitet werden. Wenn wir mehr Kontrolle über den Ablauf haben wollen, z.B. um die Unifikation zu modifizieren, reicht keiner der beiden Metainterpreter.

Der Metainterpreter *prove2/1* gilt nur für reines Prolog. Er wird oft *plain vanilla* Metainterpreter genannt, weil er die Grundlage für viele andere Metainterpreter bildet, die aus ihm durch Erweiterungen und Modifikationen entstehen.

9.4   Interpretation von Systemprädikaten

Der Metainterpreter *prove2/1* besticht durch seine einfache, deklarative Form. Leider funktioniert er nicht für Systemprädikate, wie das folgende Beispiel zeigt.

```
(*)   p(1).
      p(2).
      q(X) :- p(X), X \== 1.

      ?- q(X).
      X = 2
```

```
?- prove2(q(X)).
Cannot access or modify compiled code: \==
```

Der Versuch, ein Systemprädikat zu beweisen, liefert eine Fehlernachricht. Der Metainterpreter *prove2/1* kann keine Systemprädikate verarbeiten und sich daher auch nicht selbst interpretieren.

9.4.1   Abfangen von Systemprädikaten

Wir wollen den *plain vanilla* Metainterpreter *prove2/1* nun so modifizieren, dass er zwischen Systemprädikaten und Benutzerprädikaten unterscheidet.

```
% prove3(Goal) :-
% Goal is true with respect to the Prolog program being
% interpreted.
% The program is defined by clause/2.
% User defined and system predicates are treated separately.
% Cut is not treated.

prove3((A,B)) :-
    prove3(A),
    prove3(B).
prove3(A) :-
    idef(A),
    clause(A,B),
    prove3(B).
prove3(A) :-
    sdef(A),
    A \= (_, _),
    call(A).
```

Die Prädikate *idef/1* bzw. *sdef/1* sind wahr, wenn ihr Argument ein interpretiertes bzw. ein Systemprädikat ist. Die Klausel *prove2(true).* wird von der Klausel des Metainterpreters *prove3/1* subsumiert, die Systemprädikate abarbeitet. Das Testziel $A \= (\_, \_)$ verhindert Backtracking bei konjunktiven Zielen, denn *,/2* ist auch ein Systemprädikat.

Mit demselben Beispielprogramm (*) erhalten wir nun die korrekte Lösung.

```
?- prove3(q(X)).
X=2
```

Der Metainterpreter *prove3/1* kann sich auch selbst interpretieren.

```
?- prove3(prove3(q(X))).
X=2
```

Anstelle durch den expliziten Test $A \setminus = (\_, \_)$ könnten wir auch durch *cuts* andeuten, dass der Metainterpreter *prove3/1* deterministisch ist. Gleichzeitig wird der Interpreter effizienter.

```
% prove4(Goal) :-
% Goal is true with respect to the Prolog program being
% interpreted.
% The program is defined by clause/2.
% User defined and system predicates are treated separately.
% prove4/1 uses cut but does not interpret it

prove4((A,B)) :-
    !,
    prove4(A),
    prove4(B).
prove4(A) :-
    idef(A),
    !,
    clause(A,B),
    prove4(B).
prove4(A) :-
    sdef(A),
    !,
    call(A).
```

Der Metainterpreter *prove4/1* liefert für das Beispiel (*) die gleichen Lösungen wie *prove3/1*, da er aber *cuts* nicht verarbeitet, kann er sich nicht selbst interpretieren.

```
?- prove4(q(X)).
X=2
```

```
?- prove4(prove4(q(X))).
No
```

9.4.2   Expliziter Beweis von Systemprädikaten

Systemprädikate wie *not/1, findall/3, setof/3* usw. werden durch das Systemprädikat *call/1* bewiesen und sind somit für den Metainterpreter nicht sichtbar. Wir können ihren Beweis sichtbar machen, indem wir für sie explizite Klauseln einführen, wie z.B.

```
prove(not A) :-
    not prove(A).
prove(findall(Template, Generator, List)) :-
    findall(Template, prove(Generator), List).
prove(setof(Template, Generator, List)) :-
    setof(Template, prove(Generator), List).
```

9.4.3   Metainterpreter für Cut

Können wir auf ähnliche Weise die Klausel *prove3(!) :- !.* hinzufügen, um den *cut* zu behandeln? Nein, denn der *cut* im Körper der hinzugefügten Klausel würde im Interpreter (Metaebene) wirken und nicht, wie beabsichtigt, im interpretierten Programm (Objektebene).

Eine funktionierende Lösung erhält man, indem man im Metainterpreter die Verarbeitung des *cut* explizit simuliert. Backtracking zum *cut* bedeutet ein Fehlschlagen des ursprünglichen Ziels. Die Information, dass ein *cut* vorliegt, wird dazu über ein zusätzliches Argument *Result* auf die entsprechende Aufrufebene weitergegeben. Der *cut* liefert beim ersten Aufruf das Resultat *true*, beim Backtracking das Resultat *fail*. Im diesem Fall werden keine weiteren Ziele mehr bewiesen, das Resultat *fail* wird weitergegeben und auf der Objektebene werden die Ziele *!, fail* ausgeführt.

```
% prove5(Goal) :-
% Goal is true with respect to the Prolog program being
% interpreted.
% The program is defined by clause/2.
% User defined and system predicates are treated separately.
% Cut is treated explicitly.

prove5(Goal) :-
        prove5(Goal, Result),
        (   Result == fail,              % backtracking to cut in Goal
          !, fail
```

```prolog
        ;   true
        ).

    prove5((A, B), Result) :-
        prove5(A, ResultA),
        (   ResultA == true -> prove5(B, Result)
        ;   Result = ResultA          % backtracked to cut, return to
        ).                            % call level
    prove5(Goal, Result) :-
        idef(Goal),
        clause(Goal, Body),
        (   Body == true,
            Result = true
        ;   Body \== true,
            prove5(Body, Result),
            (   Result == fail,        % backtracking to cut in Body
                !, fail
            ;   true
            )
        ).
    prove5(Goal, true) :-
        sdef(Goal),
        Goal \= (_,_),
        call(Goal).

    prove5(!, true).
    prove5(!, fail).                   % backtracked to cut, succeed but
                                       % return fail
```

Für das Beispielprogramm

```prolog
    p(1).
    p(2).
    q(1).
    q(2).
    r(X, Y) :- p(X), !, q(Y).
```

ergibt sich

```prolog
    ?- prove5(r(X, Y)).
    X = 1, Y = 1     ;
    X = 1, Y = 2     ;
    No more solutions
```

Der Metainterpreter *prove5/2* kann sich selbst interpretieren.

```
?- prove5(prove5(r(X, Y))).
X = 1, Y = 1     ;
X = 1, Y = 2     ;
No more solutions
```

9.5 Erzeugung zusätzlicher Informationen

Ein Metainterpreter kann auch zusätzliche Informationen, wie die
Zahl der Inferenzschritte eines Beweises oder den Beweisbaum, erzeugen und zur Verfügung stellen.

9.5.1 Zählen der Inferenzschritte

Wir erweitern den Metainterpreter um ein zusätzliches Argument,
das die Inferenzschritte zum Beweis eines Ziels zählt.

```
% count_inferences(Goal, Count) :-
% Goal is true with respect to the Prolog program being
% interpreted. The program is defined by clause/2.
% Count is the number of inferences needed to prove Goal.

count_inferences(A, Count) :-
    count_inferences(A, 0, Count).

count_inferences(true, InCount, InCount).
count_inferences((A,B), InCount, OutCount) :-
    count_inferences(A, InCount, OutCountA),
    count_inferences(B, OutCountA, OutCount).
count_inferences(A, InCount, OutCount) :-
    idef(A),
    clause(A,B),
    InCount1 is InCount +1,
    count_inferences(B, InCount1, OutCount).
count_inferences(A, InCount, OutCount) :-
    sdef(A),
    A \= (_,_),
    A \= true,
    OutCount is InCount + 1,
    call(A).
```

Das Systemprädikat *true* wird separat behandelt, da es keinen zusätzlichen Inferenzschritt, sondern nur jeweils das Ende eines Zweiges des
Beweisbaumes bedeutet.

Als Beispiel *naive_reverse/2* einer Liste mit 30 Elementen, ein oft
zitierter Benchmark.

```
naive_reverse([L I Ls], RL) :-
      naive_reverse(Ls, RLs),
      append(RLs, [L], RL).
naive_reverse([],[]).


?- length(L, 30), count_inferences(naive_reverse(L, RL), Count).
L = [_1340, ... , _1427], RL = [_1427, ..., _1340], Count= 496
```

9.5.2   Expliziter Beweisbaum

Wir können uns durch ein zusätzliches Argument *Proof* auch den
Beweisbaum mitliefern lassen.

```
% get_proof_tree(Goal, Proof) :-
% Goal is true with respect to the Prolog program being
% interpreted.
% The program is defined by clause/2.
% Proof is the proof tree generated during the proof.

get_proof_tree((A,B), (ProofA, ProofB)) :-
      get_proof_tree(A, ProofA),
      get_proof_tree(B, ProofB).
get_proof_tree(A, (A :- Proof)) :-
      idef(A),
      clause(A,B),
      get_proof_tree(B, Proof).
get_proof_tree(A, A) :-
      sdef(A),
      A \= (_, _),
      call(A).
```

Mit dem Beispiel (*) erhalten wir

```
?- get_proof_tree(q(X), ProofTree).
X = 2, ProofTree = (q(2) :- (p(2) :- true), not (2==1))
```

9.5.3   Ein einfacher partieller Evaluator

Partielle Evaluation erzeugt aus einem Programm *P* und einem Ziel
Goal ein neues Programm *P'*. Das Programm *P'* liefert für *Goal* die
gleichen Antworten wie das Programm *P*, ist aber effizienter. Man
sagt, dass *P* bezüglich *Goal* spezialisiert wurde.

Nichtleere Resolventen, die beim Beweis eines Ziels auftauchen,
stellen partielle Evaluationen des Ziels dar. Für ein atomares Ziel *Goal*
mit einer Resolventen *R* ist die sogenannte Resultante *(Goal :- R) U*
eine Klausel; wobei *U* die Kombination der bis zur Erzeugung von *R*
verwendeten allgemeinsten Unifikatoren ist.

Die nichtterminalen Knoten des Beweisbaumes, den der
Metainterpreter *get_proof_tree/2* für den Beweis des Ziels erstellt,
sind gerade die nichtleeren Resolventen. Das legt die Idee nahe,
get_proof_tree/2 so zu modifizieren, dass anstelle des Beweisbaums
partielle Evaluationen erzeugt werden. Um zu entscheiden, wie weit
der Beweisbaum aufgebaut werden soll, teilen wir die Prädikate in
evaluierbare (*evaluable/1*) und nicht zu evaluierende (*residual/1*) ein.
Den Metainterpreter modifizieren wir so, dass evaluierbare Ziele
evaluiert, und nicht zu evaluierende unverändert zurückgegeben
werden. Systemprädikate - ausser *true* - werden nicht behandelt; es
wäre aber einfach, den partiellen Evaluator entsprechend zu
erweitern.

```
% partially_evaluate(Goal, Evaluation) :-
% Evaluation is a non-empty resolvent of the proof of Goal
% with respect to the program defined by clause/2.
% Predicates that are to be unfolded have the attribute evaluable.
% Predicates that are to remain in the resolvent have the
% attribute residual.

partially_evaluate(true, true).
partially_evaluate((A, B), (EvaluationA, EvaluationB)) :-
      partially_evaluate(A, EvaluationA),
      partially_evaluate(B, EvaluationB).
partially_evaluate(A, Evaluation) :-
      evaluable(A),
      idef(A),
      clause(A, B),
      partially_evaluate(B, Evaluation).
partially_evaluate(A, A) :- residual(A).
```

Das folgende Prädikat ist eine einfache Benutzerschnittstelle zum partiellen Evaluator, die alle Resultanten liefert, die bei der partiellen Evaluation des Zieles *Head* generiert werden.

```
partially_evaluate(Head) :-
        clause(Head, Body),
        partially_evaluate(Body, ExpBody),
        nl, write((Head :- ExpBody)),
        fail.
partially_evaluate(_).
```

Als Beispiel die partielle Evaluation des Prädikats *accept/1* bzw. *accept/2* des endlichen Automaten (s. 9.1.1). Wir definieren

```
residual(accept(_, _)).

evaluable(accept(_)).
evaluable(initial(_)).
evaluable(final(_)).
evaluable(delta(_, _, _)).
```

Die Aufrufe

```
?- partially_evaluate(accept(S)).

?- partially_evaluate(accept(X, Y)).
```

liefern die Resultanten

```
accept(_891) :- true, accept(0, _891).

accept(0, [y | _965]) :- true, accept(1, _965).
accept(1, [e | _965]) :- true, accept(2, _965).
accept(2, [s | _965]) :- true, accept(3, _965).
accept(0, [n | _965]) :- true, accept(4, _965).
accept(4, [o | _965]) :- true, accept(5, _965).
accept(3, []) :- true.
accept(5, []) :- true.
```

Es ist leicht, den partiellen Evaluator so zu modifizieren, dass das überflüssige Ziel *true* nicht mehr in den Resultanten auftaucht. Man erhält dann die in 9.1.2 vorgeführten Resultanten.

9.6   Andere Resolutionsstrategien

Die Metainterpreter *prove.../1* beweisen konjunktive Ziele wie der
Prolog-Interpreter von links nach rechts. Wir können leicht eine
andere Reihenfolge einführen, z.B. von rechts nach links, indem wir
die entsprechende Klausel

        prove...((A, B)) :- prove...(A), prove...(B).

durch die Klausel

        prove...((A, B)) :- prove...(B), prove...(A).

ersetzen.

Mit Hilfe von Metainterpretation kann man auch Prologs Tiefensuche
durch Breitensuche ersetzen. Wie die folgenden Metainterpreter
zeigen, ist es sogar möglich, ganz andere Ablaufstrategien
einzuführen.

9.6.1   Metainterpreter mit Tiefenbegrenzung

Unendliche Zweige oder Schleifen in Suchbäumen können verhindern, dass Prolog vorhandene Lösungen findet. Obwohl *flug(zürich,
rom)* eine logische Konsequenz des Programms

```
flug(zürich, genf).
flug(rom, genf).
flug(X, Y) :-
      flug(X, Z),
      flug(Z, Y).
flug(X, Y) :-
      flug(Y, X).
```

ist, wird die Anfrage

        ?- flug(zürich, rom).

nicht beantwortet. Alle Regeln wären zur Beantwortung der Anfrage
nötig, von den beiden Regeln mit den allgemeinen Köpfen *flug(X, Y)*
wird aber immer nur die textuell erste ausgewählt. Prolog ist bei der
Auswahl der Programmklauseln nicht fair. Das gilt auch für die bisher

besprochenen Metainterpreter, die aus diesem Grunde die Anfrage auch nicht beantworten können. Der Suchbaum enthält entweder einen unendlichen Zweig oder eine Schleife.

Bei der Besprechung der Suchverfahren (s. 7.7) zeigte sich, dass man durch eine Begrenzung der Tiefe bei der Tiefensuche (*bounded depth-first search*) auch dann Lösungen finden kann, wenn der Suchbaum unendliche Zweige enthält. Die Tiefensuche entlang eines Zweiges wird abgebrochen, sobald die Tiefenbegrenzung erreicht worden ist, und durch Backtracking werden andere Zweige des Suchbaums abgesucht, die möglicherweise Lösungen beinhalten. Die Tiefensuche mit der Begrenzung funktioniert allerdings nur, wenn man eine passende Tiefe angegeben hat. Einerseits möchte man keine Lösung verpassen, die tief im Suchbaum verborgen ist, andererseits möchte man aber auch nicht unnötig suchen. Man kann diesen Widerspruch auflösen, indem man mit *iterative deepening*, d.h. mit einer Folge wachsender Begrenzungen arbeitet.

Wir erweitern nun den grundlegenden Metainterpreter prove3/1 um *bounded depth-first search* mit *iterative deepening*.

```
% iterative_deepening(Goal) :-
% Goal is true with respect to the Prolog program being
% interpreted. The program is defined by clause/2.
% The metainterpreter uses bounded depth-first search with
% iterative deepening.
iterative_deepening(Goal) :-
    depth(Depth),
    iterative_deepening(Goal, Depth).

iterative_deepening((A, B), Depth) :-
    iterative_deepening(A, Depth),
    iterative_deepening(B, Depth).
iterative_deepening(A,Depth) :-
    Depth > 0,
    idef(A),
    clause(A, B),
    Depth_1 is Depth - 1,
    iterative_deepening(B, Depth_1).
iterative_deepening(A, Depth) :-
    sdef(A),
    A \= (_, _),
    call(A).
```

```
depth(1).
depth(Depth) :-
    depth(Previous_Depth),
    Depth is Previous_Depth + 1.
```

Der Metainterpreter *iterative_deepening/1* findet die Lösung.

```
?- iterative_deepening(flug(zürich, rom)).
Yes
```

Tracing zeigt, dass die Lösung auf der Tiefe 3 gefunden wird.

```
call     iterative_deepening(flug(zürich, rom))
call     iterative_deepening(flug(zürich, rom), 1)
fail     iterative_deepening(flug(zürich, rom), 1)
call     iterative_deepening(flug(zürich, rom), 2)
fail     iterative_deepening(flug(zürich, rom), 2)
call     iterative_deepening(flug(zürich, rom), 3)
exit     iterative_deepening(flug(zürich, rom), 3)
exit     iterative_deepening(flug(zürich, rom))
```

Bei jeder Tiefenbegrenzung B werden alle Lösungen für Tiefenbegrenzungen < B noch einmal gefunden. Durch geeignete Filter (s. 7.7) ist es möglich, diese mehrfachen Lösungen zu eliminieren. Ein ungelöstes Problem des *iterative deepening* sind Prädikate mit Seiteneffekten, die man meistens nicht mehrfach ausführen möchte.

9.6.2   Ein Metainterpreter, der Ziele aufschiebt

Das Programm

```
single_student(X) :- not married(X), not engaged(X), student(X).
student(bill).
married(joe).
engaged(harry).
```

beantwortet die Frage

```
?- single_student(X).
```

mit *No*, obwohl *single_student(bill)* eine logische Konsequenz des Programms ist. Die Ziele *not married(X)* und *not engaged(X)* sind nicht hinreichend instanziert und können daher nicht bewiesen werden. Eine andere Reihenfolge der Ziele der Klausel *single_student/1* würde zum Erfolg führen.

Anstelle Ziele umzuordnen, kann man einen Metainterpreter schreiben, der den Beweis von Zielen solange aufschiebt, bis sie hinreichend instanziert sind. Man kann die Ziele eines konjunktiven Ziels als parallele Prozesse verstehen, die über gemeinsame Variablen kommunizieren und lauffähig werden, sobald hinreichend viele ihrer Variablen durch andere Prozesse instanziert worden sind *(coroutining)*.

Hier wird eine einfacher Metainterpreter vorgestellt, der immer das erste hinreichend instanzierte Ziel eines konjunktiven Ziels ausführt. Der Metainterpreter muss auf einzelne Ziele innerhalb eines konjunktiven Ziels zugreifen. Das wird viel einfacher, wenn konjunktive Ziele in Listen verwandelt werden. Der Übergang zu Differenzlisten würde eine weitere Effizienzsteigerung bringen.

```
% prove_if_ready(Goal) :-
% Goal is true with respect to the Prolog program being
% interpreted.
% The program is defined by clause/2.
% The interpreter will only try to prove a goal if it is ready, i.e.
% sufficiently instantiated. The interpreter transforms
% conjunctive goals into lists.

prove_if_ready(Goal) :-
    prove_if_ready_L([Goal]).

prove_if_ready_L(Goals) :-
        remove(Ready, Goals, Goals_Ready),    % pick a goal
        ready(Ready),                         % is it ready ?
        !,                                    % no backtracking
        prove_one(Ready, Goals_Ready).        % prove the goal
prove_if_ready_L([]).                         % all done

prove_one(Goal, Goals) :-
        idef(Goal),
        clause(Goal, Body),
        make_list(Body, Body_as_List),
        append(Body_as_List, Goals, NewGoals),
        prove_if_ready_L(NewGoals).
```

```
prove_one(Goal, Goals) :-
    sdef(Goal),
    call(Goal),
    prove_if_ready_L(Goals).

make_list((A,B),[A | B_as_List]) :-
    make_list(B,B_as_List).
make_list(true,[]).
make_list(A,[A]) :-
    A \= (_,_),
    A \= true.
```

Das Prädikat *ready/1* stellt fest, unter welchen Bedingungen ein Ziel hinreichend instanziert ist.

```
% ready(Goal) :- Goal ist sufficiently instantiated
% to be executed safely

% not/1: no variables
ready(not(P)) :- !, varsin(P, []).

% append/3: first or third argument must be instantiated
ready(append(Xs,Ys,Zs)) :- !, (nonvar(Xs); nonvar(Zs)).

% catch-all
ready(_).
```

Noch einmal das Beispiel *single_student(X)*.

```
?- prove_if_ready(single_student(X)).
X = bill
```

Im Tracing wird sichtbar, dass das ursprüngliche Ziel single_student(X) durch die Liste der Teilziele [not married(X), not engaged(X), student(X)] ersetzt wird. Dann wird jedes Teilziel auf hinreichende Instanzierung getestet. Der Test gelingt mit dem Teilziel student(X). Dieses Teilziel wird bewiesen und führt zur Bindung X/bill. Anschliessend werden die anderen Teilziele bewiesen.

```
call    prove_if_ready(single_student(X))
call    prove_if_ready_L([single_student(X)])
call    ready(single_student(X))
exit    ready(single_student(X))
```

```
call     prove_one(single_student(X), [])
call     prove_if_ready_L([not married(X), not engaged(X),
             student(X)])
call     ready(not married(X))
fail     ready(not married(X))
call     ready(not engaged(X))
fail     ready(not engaged(X))
call     ready(student(X))
exit     ready(student(X))
call     prove_one(student(X), [not married(X), not engaged(X)])
...
...
exit     prove_one(student(bill), [not married(bill),
             not engaged(bill)])
exit     prove_if_ready_L([not married(bill), not engaged(bill),
             student(bill)])
exit     prove_one(single_student(bill), [])
exit     prove_if_ready_L([single_student(bill)])
exit     prove_if_ready(single_student(bill))
```

9.7   Metainterpreter für Expertensysteme

Regelbasierte Expertensysteme stellen Wissen in der Form von Regeln

    IF conditions THEN consequence

dar. Zur Ableitung von neuem Wissen verwenden regelbasierte
Expertensysteme *backward chaining* und *forward chaining*.

Beim *backward chaining* verwendet man die Regeln von rechts nach
links, d.h. es wird geprüft, ob für eine gegebene Folgerung
(consequence) die Vorbedingungen *(conditions)* erfüllt sind.
Anschliessend wird rekursiv geprüft, ob die Vorbedingungen der
Vorbedingungen erfüllt sind.

Beim *forward chaining* werden die Regeln von links nach rechts verwendet, d.h. wenn durch die gegebenen Fakten die Vorbedingungen
(conditions) einer Regel erfüllt sind, wird die Regel ausgeführt und
die daraus folgenden Fakten *(consequence)* werden dem Wissen
hinzugefügt. Wenn die Vorbedingungen mehrerer Regeln gleichzeitig
erfüllt sind, muss eine Regel ausgewählt werden *(conflict resolution)*.

Expertensysteme können als Metainterpreter geschrieben werden.
Betrachten wir zunächst Metainterpreter für *backward chaining*.

9.7.1   Ein Metainterpreter, der Fragen stellt

Viele Expertensysteme treten mit ihren Benutzern in einen Dialog.
Wir wollen als Beispiel ein kleines Expertensystem in der Form eines
Metainterpreters entwickeln, das die Benutzer nach fehlendem
Wissen fragt. Wir gehen vom Metainterpreter *prove3/1* aus, den wir
nun *query_the_user/1* nennen.

```
% query_the_user(Goal) :-
% Goal is true with respect to the Prolog program being
% interpreted. The user is prompted for missing information.

query_the_user((A, B)) :-
    query_the_user(A),
    query_the_user(B).
query_the_user(A) :-
    idef(A),
    clause(A, B),
    query_the_user(B).
query_the_user(A) :-
    sdef(A),
    A \= (_, _),
    call(A).
```

Wir erweitern den Metainterpreter um Klauseln, die zur
Beantwortung einer Anfrage fehlende Informationen *(not known(A))*
von den Benutzern anfordern *(user_dialog(A))*. Die Antwort wird
positiv *(A)* oder negativ *(untrue(A))* gespeichert, damit Fragen nicht
mehrfach gestellt werden müssen.

```
query_the_user(A) :-
    not sdef(A),
    not known(A),
    user_dialog(A).
known(A) :-
    call(A).
known(A) :-
    untrue(A).
```

```prolog
user_dialog(A) :-
    prompt_read(['Is ', A, ' true?', 'Answer yes/no.'], Answer),
    (   Answer = yes -> assert(A)
    ;   Answer = no -> assert(untrue(A)), fail
    ;   user_dialog(A)
    ).
```

Beispiel

Wir wollen den Metainterpreter anhand einer kleinen Wissensbasis demonstrieren, die bei der Auswahl eines Essens hilft. Je nachdem, ob es sich um einen normalen oder einen speziellen Anlass handelt, die Zahl der Teilnehmer klein, mittel oder gross ist, wenig oder viel Geld zur Verfügung steht oder Freunde teilnehmen, wird ein passendes Getränk und ein passendes Essen vorgeschlagen.

```prolog
% Knowledge Base for Meals

meal(Beverage, Food) :-
    occasion(normal),
    normal_meal(Beverage, Food).
meal(Beverage, Food) :-
    occasion(special),
    special_meal(Beverage, Food).
meal(_, _) :-
    message(['Try again!']).

normal_meal(beer, [steak, potatoes]).

special_meal(chianti, pizza) :-
    party(small),
    budget(small).
special_meal(champagne, caviar) :-
    party(small),
    budget(large).
special_meal(chianti, pizza) :-
    party(medium),
    budget(small).
special_meal(beer, grill) :-
    party(large),
    budget(medium),
    friends(around).
```

```
special_meal(wine, buffet) :-
    party(large),
    friends(around),
    budget(large).
special_meal(party_service, party_service) :-
    party(large),
    budget(large).
special_meal(_, _) :-
    message(['No solution found']).
```

Die Anfrage

```
?- query_the_user(meal(Beverage, Food)).
```

kann zum folgenden Dialog führen.

Is occasion(normal) true?	*n o*
Is occasion(special) true?	*yes*
Is party(small) true?	*n o*
Is party(medium) true?	*yes*
Is budget(small) true?	*yes*

Beverage = chianti, Food = pizza

9.7.2   *Warum*-Erklärungen

Der Metainterpreter *explain_why/1* ist eine einfache Erweiterung des
Metainterpreters *query_the_user/1*, die Benutzern erlaubt, auf Fragen
des Metainterpreters mit 'why' zu antworten: Warum wird diese
Frage gestellt? Der Metainterpreter antwortet mit der Regel, die er zu
beweisen versucht. Auf weitere *why*-Fragen werden vorher verwendete Regeln angegeben. Gibt es keine weiteren Regeln, erscheint die
Antwort 'No more explanations possible'.

Wir führen als weiteres Argument des Metainterpreters einen Ziel-
Stack ein, auf den verwendete Regeln *A :- B* in der Form *rule(A, B)*
abgelegt werden. Verlangt der Benutzer Erklärungen, wird pro Frage
'why' eine Regel vom Stack entfernt und ausgegeben.

```
% explain_why(Goal) :-
% Goal is true with respect to the Prolog program being
%  interpreted. The user is prompted for missing information,
% and can ask for why explanations

explain_why(Goal) :-
        explain_why(Goal, []).                  % add rule stack
explain_why((A, B), Rules) :-
        explain_why(A, Rules),
        explain_why(B, Rules).
explain_why(A, Rules) :-
        idef(A),
        clause(A, B),
        explain_why(B, [rule(A, B) | Rules]).        % push rule on stack
explain_why(A, Rules) :-
        sdef(A),
        A \= (_, _),
        call(A).
explain_why(A, Rules) :-
        not sdef(A),
        not known(A),
        user_dialog(A, Rules).

known(A) :-
        call(A).
known(A) :-
        untrue(A).

user_dialog(A, Rules) :-
        prompt_read(['Is ', A, ' true?', 'Answer yes/no.'], Answer),
        (  Answer = yes -> assert(A)
        ;  Answer = no -> assert(untrue(A)), fail
        ;  Answer = why ->
                (  Rules = [Rule | MoreRules] ->  % pop rule from stack
                   show(Rule),
                   user_dialog(A, MoreRules)
                ;  nl,
                   write('No more explanations possible.'),
                   nl,
                   user_dialog(A, [])
                )
        ;  user_dialog(A, Rules)
        ).
```

```
show(rule(A, B)) :-
    nl,
    write('IF '), write_conjunction(B), write(' THEN '), write(A),
    write('.'),
    nl.

write_conjunction((B, Bs)) :-
    !,
    write(B), write(' AND '),
    write_conjunction(Bs).
write_conjunction(B) :-
    write(B),
    nl.
```

Beispiel

Mit der Wissensbasis für Essensberatung kann die Anfrage

```
?- explain_why(meal(Beverage, Food)).
```

zum folgenden Dialog führen.

Is occasion(normal) true?	*n o*
Is occasion(special) true?	*yes*
Is party(small) true?	*n o*
Is party(medium) true?	*n o*
Is party(large) true?	*yes*
Is budget(medium) true?	*yes*
Is friends(around) true?	*why*

IF party(large) AND budget(medium) AND friends(around)
THEN special_meal(beer, grill).

Is friends(around) true?	*yes*

Beverage = beer, Food = grill

9.7.3   *Wie*-Erklärungen

In einem letzten Schritt wollen wir den Metainterpreter so erweitern, dass er dem Benutzer erklärt, wie eine Antwort entstanden ist. Wir verwenden dazu wie im Metainterpreter *get_proof_tree*/2 ein zusätzliches Argument *Proof*, in dem der Beweisbaum aufgebaut wird. Anschliessend wird der Beweisbaum *Proof* ausgegeben.

```
% explain_why_how(Goal) :-
% Goal is true with respect to the Prolog program being
% interpreted. The user is prompted for missing info, and can ask
% for why and how explanations.

explain_why_how(Goal) :-
        explain_why_how(Goal, [], Proof),
        !,
        how(Proof).

explain_why_how((A, B), Rules, (ProofA, ProofB)) :-
        explain_why_how(A, Rules, ProofA),
        explain_why_how(B, Rules, ProofB).
explain_why_how(A, Rules, (A :- Proof)) :-
        idef(A),
        clause(A, B),
        explain_why_how(B, [rule(A, B) | Rules], Proof).
explain_why_how(A, Rules, A) :-
        sdef(A),
        A \= (_, _),
        call(A).
explain_why_how(A, Rules, (A :- user)) :-
        not sdef(A),
        not known(A),
        user_dialog(A, Rules).

how((Proof1, Proof2)) :-
        how(Proof1),
        how(Proof2).
how(Proof) :-
        fact(Proof, Fact),
        nl,
        write(Fact),
        write(' is a fact in the database.').
```

```
how(Proof) :-
      user_answer(Proof, Answer),
      write(Answer),
      write(' was given by you.'),
      nl.
how(Proof) :-
      rule(Proof, Head, Body, Proof1),
      nl,
      write(Head),
      write(' is proved using the rule'),
      show(rule(Head, Body)),
      how(Proof1).

fact((Fact:-true), Fact).

user_answer((Answer:-user), Answer).
rule((Goal:-Proof), Goal, Body, Proof) :-
      Proof \= true,
      extract_body(Proof, Body).
extract_body((Proof1, Proof2),(Body1, Body2)) :-
      !,
      extract_body(Proof1, Body1),
      extract_body(Proof2, Body2).
extract_body((Goal:-Proof), Goal).
extract_body(Goal, Goal) :-
      sdef(Goal),
      Goal \= (_, _).

% known/1, user_dialog/2, show/1, and write_conjunction/2 as
% defined in explain_why/1.
```

Beispiel

Mit der Wissensbasis für Essensberatung kann die Anfrage

```
?- explain_why_how(meal(Beverage, Food)).
```

zum folgenden Dialog führen

Is occasion(normal) true?   *n o*

Is occasion(special) true?   *yes*

Is party(small) true?   *yes*

Is budget(small) true?   *n o*

Is budget(large) true?   *why*

IF party(small) AND budget(large)
THEN special_meal(champagne, caviar).

Is budget(large) true?   *yes*

Beverage = champagne, Food = caviar

meal(champagne, caviar) is proved using the rule

   IF occasion(special) AND special_meal(champagne, caviar)
   THEN meal(champagne, caviar).

   occasion(special) was given by you.

special_meal(champagne, caviar) is proved using the rule

   IF party(small) AND budget(large)
   THEN special_meal(champagne, caviar).

   party(small) was given by you

   budget(large) was given by you

9.7.4   Forward Chaining

Die drei Metainterpreter *query_the_user/1*, *explain_why/1* und *explain_why_how/1* stellen einfache Expertensysteme dar, die wie Prolog *backward chaining* verwenden.

Wir können in Prolog auch Metainterpreter für *forward chaining* Expertensysteme entwickeln. Die Regeln der Wissensbasis schreiben wir in der Form von Fakten

   rule(Condition, Consequence).

Der Metainterpreter *chain_forward/2* ist eine einfache Version eines *forward chaining* Expertensystems. Es wird immer die nächste Regel gewählt, deren Vorbedingungen erfüllt sind. Die Vorbedingungen und die jeweils geltenden Fakten werden als Listen dargestellt.

```
% chain_forward(Facts, NewFacts) :-
% derive NewFacts from Facts by forward-chaining

chain_forward(Facts, NewFacts) :-        % find new facts
    derive_facts(Facts, Facts1),         % one forward step
    chain_forward(Facts1, NewFacts).     % recurse
chain_forward(Facts, Facts).             % all facts found

derive_facts(Facts, [Fact | Facts]) :-   % to derive a new
    rule(Conditions, Fact),              % fact find a rule
    forall(member(Condition, Conditions),  % whose conditions
        member(Condition, Facts)),       % are true and whose
    not member(Fact, Facts).             % consequence is new
```

Beispiel

Ein einfaches Beispiel, bei dem es sich wieder um Essen handelt.

```
rule([budget(small)], party(small)).
rule([party(small), budget(small)], food(pizza)).
rule([food(pizza)], beverage(chianti)).
```

Wir nehmen an, dass das Fakt *budget(small)* gegeben ist, und wollen alle daraus folgenden Fakten ableiten.

```
?- chain_forward([budget(small)], NewFacts).
NewFacts = [beverage(chianti),
            food(pizza),
            party(small),
            budget(small)]
```

Die Liste *NewFacts* zählt alle nach dem Inferenzschritt bekannten Fakten auf, also auch diejenigen, die schon vor dem Inferenzschritt existierten.

Kommentierte Literaturliste

W. F. Clocksin, C. S. Mellish, Programming in Prolog, Springer, 1987 (Third edition)
Gut zu lesende und oft zitierte elementare Einführung in das Programmieren mit Prolog. Beschreibt den de facto Standard (Edinburgh Prolog).

H. Coelho, J. C. Cotta, Prolog by Example, Springer, 1988
Kompendium von Beispielprogrammen aus vielen Anwendungsgebieten. Leider mit unzureichendem Inhaltsverzeichnis und vielen Tippfehlern in den Programmen.

M. A. Covington, D. Nute, A. Vellino, Prolog Programming in Depth, Scott, Foresman & Company, 1988
Umfangreiche und gute Darstellung von Prolog und Prolog-Anwendungen (künstliche Intelligenz, natürliche Sprache).

J. H. Gallier, Logic for Computer Science, Foundations of Automatic Theorem Proving, John Wiley & Sons, 1987
Anspruchsvolle und umfassende Darstellung der Logik..

M. R. Genesereth, N. J. Nilsson, Logical Foundations of Artificial Intelligence, Morgan Kaufmann Publishers, 1987
Kompetente Einführung in die logischen Grundlagen der künstlichen Intelligenz. Betonung der deklarativen Darstellung von Wissen. Gut zu lesen, manchmal etwas knapp in der Argumentation.

C. J. Hogger, Introduction to Logic Programming, Academic Press, 1984
Relativ knappe Darstellung der Grundlagen des logischen Programmierens, von Programmiermethoden und Implementationsfragen. Formaler und präziser als Kowalski, aber weniger inhaltsreich.

P. Jackson, H. Reichgelt, F. van Harmelen (eds.), Logic-Based Knowledge Representation, MIT Press, 1989
Eine Sammlung von Artikeln , die sich mit der Frage beschäftigen, wie Logik zur Darstellung von Wissen und zur Problemlösung verwendet werden kann.

R. O'Keefe, Practical Prolog for Real Programmers, Tutorial Note No. 8, Fifth International Conference/Symposium on Logic Programming, Seattle, 1988
O'Keefe zeigt, dass Prolog-Programme gleichzeitig lesbar und effizient sein können. 'Elegance is Not Optional'.

R. Kowalski, Logic for Problem Solving, North-Holland, 1979
Klassiker von einem der Gründer des logischen Programmierens, informell und gut geschrieben. Betont die Anwendung von Logik zum Problemlösen.

G. L. Lazarev, Why Prolog? Justifying Logic Programming for Practical Applications, Prentice-Hall, 1989
Knappe Einführung in die Programmierung mit Prolog. Betonung der Vorteile der deklarativen Programmierung für das Software Engineering. Kurze Darstellung einiger Anwendungen.

J. W. Lloyd, Foundations of Logic Programming, Springer, 1987 (Second edition)
Umfassende und anspruchsvolle Darstellung der logischen Grundlagen von Prolog. Oft zitiertes Standardwerk, das viele Konzepte und Begriffe definiert. Erweitert Sprache über Horn-Klauseln hinaus.

D. Maier, D. S. Warren, Computing with Logic, Benjamin, 1988
Didaktisch gut aufgebaute, wenn auch manchmal etwas langatmige Darstellung des logischen Programmierens. Ausführliche Behandlung der effizienten Implementation logischer Sprachen.

J. Malpas, Prolog: A Relational Language and its Applications, Prentice-Hall, 1987
Knappe Einführung in Prolog, ungefähr auf dem Niveau von Clocksin & Mellish.

G. Neumann, Meta-Programmierung und Prolog, Addison-Wesley, 1988
Ein Vorschlag, wie Software durch die Verwendung von Meta-Programmierung entwickelt werden kann. Enthält viele Beispiele von Metainterpretern für verschiedene Anwendungen.

F. C. N. Pereira, S. M. Shieber, Prolog and Natural-Language Analysis, CSLI Lecture Notes 10, Center for the Study of Language and Information, Stanford/Menlo Park/Palo Alto, 1988
Enthält eine kompakte, sehr kompetente und sehr lesbare Einführung in Prolog. Beispiele und Anwendungen aus dem Bereich der Computerlinguistik.

E. Y. Shapiro, Algorithmic Program Debugging, MIT Press, 1983
Grundlegendes Werk, in dem die Konzepte der deklarativen Fehlersuche eingeführt wurden. Vorgestellt werden Algorithmen zur Fehlersuche und zur automatischen Fehlerkorrektur.

L. Sterling, E. Y. Shapiro, The Art of Prolog, MIT Press, 1986 (Third printing 1987)
Vermutlich das beste Lehrbuch für Prolog, Programmiermethoden und Anwendungen. Interessante Beispielprogramme, allerdings mit einigen Fehlern.

A. Thayse (ed.), Introducing a Logic Based Approach to Artificial Intelligence, Vol. I, From Standard Logic to Logic Programming, 1988, Vol II, From Modal Logic to Deductive Databases, 1989, John Wiley & Sons
Ausführlich argumentierende und umfassende Darstellung der Logik und des logischen Programmierens mit Ausrichtung auf die künstliche Intelligenz.

Sachverzeichnis